思い通りに
夫が動いてくれる
妻の魔法

家事・育児・夫婦関係…
何をやってもうまくいく!

竹田真弓アローラ
Arrowla Mayumi Takeda

青春出版社

はじめに

「なんでこんな大事なこと、これまで誰も教えてくれなかったの!?」

当時、ニューヨークの大学で心理学を専攻して2年が経った頃、私は頭を殴られたような大きな衝撃を受けました。結婚&家族心理学(Marriage and Family Psychology)の予習をしていた時、教科書でたまたま目にしたのが「うまくいかないカップルチェックリスト」というものでした。

面白そう! と思って当てはまる項目にチェックを付けていったところ…なんと!! 全ての項目にチェックが付くではありませんか!!(笑)

さらに教科書を読み進めていくと、そこには、これまで全く聞いたこともなかった「幸せな恋愛&結婚生活を持続させるためのルール」が書かれていました。しかもそれは、一個人の体験や主観に基づくものではなく、何万組ものカップル・夫婦を調査した結果導き出された、科学的に正しい恋愛&結婚の法則だったのです。

その中のひとつをご紹介すると、「お互いに何でも言い合える雰囲気がないカップルはうまくいかない」というものでした。えー!? 言いたいことがあっても我慢するのが普通じゃないの? 相手に不満があったとしても、それを飲み込んで我慢して耐えるのが〝良い彼女〟〝良い妻〟なんじゃないの? そう思っていた私にとって、まさに天と地がひっくり返ったような出来事だったのです。

私の人生を大きく動かしてくれたその教科書には、これまで信じてきた「恋愛・結婚がうまくいく方法」とは真逆のことが書かれていました。つまり、私がこれまで〝良かれ〟と思って彼にしてきたことが、実は彼を深く傷つけ、二人の関係をぶち壊していたんだ…という重大な事実に気づいたのです。

あまりにも衝撃が大きすぎて、「だから私、フラれたのか。ナットク!」と、一人で声に出してつぶやいてしまったほどです。そして、なぜこんな大事なことをこれまで誰も教えてくれなかったのかと、日本と海外の情報格差に唖然《あぜん》としました。

実はニューヨークに留学する前、私は大失恋をしています。

2年ほどお付き合いをしていて同棲までしていた彼から、「将来が考えられないから別れてほしい」と告げられたのです。

彼は私にとって本当に良き理解者でしたし、将来結婚するならこの人！　と秘かに思っていたので、当時21歳だった私は大きなショックを受けました。

ですが、振られる予兆は十分ありました。お互いにもっと仲良くなるために同棲したものの、ケンカが絶えず、気づいたら会話ゼロ。元々モラハラ気質だった彼に振り回されて、完全に都合の良い女になってしまった私はストレスＭＡＸ。最後のほうはお互いが自分の部屋に籠《こも》りっぱなしで、それはそれは居心地の悪い同棲生活を1年半も続けていました。そりゃフラられるはずですよね…。

留学生活を終え、日本に帰国してから6年後、当時私をフったあの彼と再会する機会がありました。二人であの地獄の同棲生活での苦い思い出を、笑いながら語り合っているうちに、復縁することになったのです。

きっと読者の皆様はそのままハッピーエンドを想像されているかもしれませんが、そんな簡単にはいかず…(笑)。 また過去のモラハラ気質の彼が顔を出したり、私の我慢グセと爆発するクセが出てきたり、うまくいかないことばかりでした。

その度に、大学時代の分厚い教科書をクローゼットから引っ張り出してきて、「こういう時はどうするんだっけ?」「彼に不満があったらどうやって伝えればいいんだっけ?」と、一つひとつ思い出しては実践していきました。

すると驚くことに、同棲時代は全くできなかった良好なコミュニケーションができるようになり、昔だったら絶対にあり得なかった「大好きだよ」「一緒にいてくれてありがとう」という言葉が彼の口から出るようになっていったのです。そして、これは受講生からもよく驚かれるのですが、モラハラ気質の俺様彼氏だった彼が、別人のように優しい理想の男性に変わりました。

2015年に結婚し、2年後には長女が誕生し、今では感謝してもしきれないくらい理想の夫・父親として、家族の笑顔と幸せを作ってくれています。

「二人でよく話し合いましょう」

夫婦円満の秘訣として、よくこんな言葉を見聞きしませんか？　ですが、肝心の話し合いの〝具体的な方法〟を、皆さんは学校やご両親から教えてもらったでしょうか？　どんなふうに伝えたら男性の心に真っすぐ届くのか、どんなフレーズを使ったら男性を深く傷つけるのか、どんなふうにケンカしたらお互いをもっと好きになる〝最高の夫婦ゲンカ〟ができるのか。実は、そういった男女の愛を育む方法が、諸外国の研究により明らかになっています。

恋愛・結婚という分野の教育に関して、残念ながら日本は先進国に比べて大きな後れを取っています。例えば、アメリカのフロリダ州の公立高校では、円満な結婚生活を築くためのスキルや離婚を防ぐための基礎知識などの科目が１９９８年1月より必修科目となりました。

他の州でも、同じようなマリッジスキルを学ぶ授業を取り入れている学校があります。また、モンタナ州では結婚を希望するカップルのどちらかが18歳未満の場合、婚姻届を出す前に、２回のマリッジカウンセリングを受けることが義務付けられています（そうしないと、結婚できません！）。

恋愛も結婚も、誰もが学ぶべき一つの**技術**です。車を運転する技術と一緒です。最初から上手に運転できる人なんて、どこにもいませんよね？ 必ず教習所に通って技術を身につけるわけです。同じく、男女のコミュニケーションも誰もがどこかのタイミングで学ぶべきスキルです。今この本を手にとってくださっている方の中で、

「結婚ってこんなに難しいものなの？」
「夫にイライラしかしない！」
「こんなはずじゃなかったのに…」

と、途方に暮れている読者さまがいらっしゃるかもしれません。大丈夫です。うまくいかないのは、決してあなたのせいではありません。ただ単に、これまで結婚生活を成功させる方法を誰もあなたに教えてくれなかっただけです。

私の人生も、講座に通ってくださる受講生の人生も、この手法に出会ったことで大激変しました。最近では、離婚寸前だった新潟県のAさんから「夫との約5年間のレスが解消しました！」と、嬉しすぎるご報告が届いたんですよ。

「結婚して3年も経てば、トキメキなんて皆無だ」
「2年もすれば、旦那への愛情なんてなくなる」
「結婚なんて、所詮そんなもの…」

こんなふうに、結婚に対するネガティブなイメージを持っている方が多いのではないでしょうか。ですが、はっきり申し上げます。科学的に正しい方法を実践すれば、男女の仲をいつまでも持続させることは可能です。結婚して何年経ってもラブラブで、おじいちゃんになってもおばあちゃんになっても手を繋いで歩くのは夢物語ではなく、誰もが自分次第で手に入れることができる実現可能な未来なのです。

この本には、私がこれまで受講生にお伝えしてきた世界最先端の心理学に基づいた幸せな結婚生活を持続させる法則をギュギュッと詰め込みました。この本が皆様にとって「幸せな結婚生活へのパスポート」となり、思い描いている理想の夫婦関係、幸せな家族を築いていかれることを心から願っています。

ただし！　実践しなければ、何も変わりません。パスポートを持っているだけで、空港に行くという〝行動〟を起こさなければ、好きな国で好きなことをすることはできませんよね？　ですので、たった一つ、小さなことからでも構いません。本書を読みながら、実践するところまでチャレンジしてみてください。

ちなみに、これまでの受講生でパートナーとの関係に全く変化がなかったという方の数は**0人**です。つまり、ちゃんと実践すれば「もう～面白いくらい効果がありすぎて笑いが止まりません！（前出のAさん）」という状態になりますよ！

また、元モラハラ彼氏で現在は私の仕事を陰で支えてくれている夫も、たまに「男の本音」をつぶやいてくれますので、男性目線の意見も併せてお楽しみいただけますと幸いです。それでは、99％の日本人がまだ知らない男女の愛がずっと続く世界へ皆さまをお連れします。

Contents

Part 2

夫が思い通りに動いてくれるようになる 最強の秘訣・ピュアコミュニケーション

――賢い妻だけが知っている6つのルール

Part 3

夫がどんどん行動する神フレーズ集【家事・生活編】

——イライラはこう伝えて解決！ そのまま使える文例・表現例が満載

Part 4

嫌な顔せず自主的に協力してくれる神フレーズ集【育児編】

——育児から逃げる夫をうま〜く操縦せよ！

Part 5

産後のセックスレス問題
――男と女はこんなに違うことを考えている

Part 6

夫が一生大切にしたくなる妻の心がけ

——毎日会っても飽きない！ どころか、より愛が深まる秘訣

帯写真……giulia186/Shutterstock.com
本文デザイン…黒田志麻
本文イラスト…坂木浩子
企画協力…NPO法人企画のたまご屋さん

序章

夫よ、どうして分かってくれないの!?

——妻たちの怒り

「こっちが「手伝って」って言う前に、なんで自分から動いてくれないの？」
「こっちは子供の食事作って、食べさせて、後片付けまでやって大忙しなのに、なんで自分はダラダラとスマホいじっていられるの？」
「気が向いた時しか子供の面倒見ないくせに、ＳＮＳではしっかりとイクメンアピール。ふざけないでよ!!」

世の中の奥様方の叫び、痛いほどよーーく分かります。夫ってなぜこんなにも使えないのでしょう！（笑）
私も長女出産後、産後の疲れた体にムチを打って夜中に授乳しているのに、安らか～な顔をして気持ちよさそうに寝ている主人の顔を何度ぶん殴りたくなったことか！

ある時には「ねぇ、３ヶ月検診の書類が来たよー」と、私に封筒を渡してくるわけです。「来たよーじゃなくって、だから何なの？　その先の行動はないのか？　いつから私が書類を書く担当になってるんだい!?　お前が書け！（結構記載する項目が多くて面倒くさい）」と心の中で叫んでいました（笑）。

普段、男女のパートナーシップの築き方を教えている講師ではありますが、私も人間なので完璧ではありません。それに、長女が生まれてからはこれまでの生活リズムがガラリと変わったこともあり、夫婦ゲンカが絶えない時期もありました。

ぶっちゃけてしまいますと、「もうこの人とは無理かもしれない」なんて思ったこともあったくらいです。そんな産後クライシスを経験しているからこそ、夫への止まらないイライラ、爆発したくなる気持ち、「何でこんな人と結婚しちゃったんだろう?」と後悔してしまう気持ち、痛いほどよく分かるんです。

9割の妻たちがハマる「夫が分かってくれない」の落とし穴

「私がこんなに大変な思いをして毎日家事・育児をしているのに、夫は全っ然分かってくれない!」

多くの妻たちが「夫が気持ちを分かってくれないこと」でストレスが溜まっているのではないでしょうか。ほんの少しでも気持ちを分かってくれたり、寄り添ってくれるだけで、スッキリするのに…と思いますよね。

ではここで少しドキッとする質問をさせていただきます。夫に気持ちを分かってほしいと思うなら、

夫に気持ちを分かってもらうための努力をしていますか？

どんなふうに伝えたら夫が気持ちを分かってくれるかを考えて、伝え方を工夫していますか？

実はここが多くの妻たちが見落としてしまう**最大の問題点**なのです！

男性と女性で体のつくりが違うように、考え方や感じ方も全く違います。極端な話、

お互いに違う言語を話す生きもの！　と考えておいたほうが意思疎通がスムーズです。
だからこそ、男性に気持ちを分かってほしいと思うのであれば、①自分で気持ちを伝える、②「男性に伝わる伝え方」を学ぶ、という姿勢がとても大切です。分かってくれるのをただただ待ってるだけでは永遠に分かってもらえません。

3歳の子供に「ねぇ、法律ってなに？」と聞かれた時に、まさか「国家や連邦国家の構成単位の議会の議決を経て制定される成文法だよ」と真顔で答えませんよね？　3歳の子にも分かるような言葉を使って「この国に住んでいる人みんなが幸せに暮らしていくために、みんなに守ってほしいルールのことだよ」と、伝え方を工夫しませんか？

相手が3歳の子供なら、工夫しようと思うのに、相手が「夫」となると、ついつい伝え方を工夫することを忘れてしまうんですよね。
もし、「うちの夫は全然気持ちを分かってくれない！」と悩んでいらっしゃるのであれば、もちろんご主人に問題がある場合もありますが、多くの場合、あなたのご主人への〝関わり方〟や〝伝え方〟に改善の余地があります。世の夫たちの本音を代弁すると、あなたが思う以上に、夫はあなたの気持ちを分かりたいと思っているし、あなたのために何かしたいと本気で思っています。

男の本音

「何かしたい。けど妻のために何をすれば良い？ 教えてくれないとアクションを起こせない（泣）」

伝え方を知らない妻と知っている妻

もしこの本を手に取ってくださっているのが男性であれば、冒頭の「なんで夫ってこんなにも使えないのでしょう？」という部分を読んでイラッとさせてしまいましたよね。大変失礼しました。世の中の妻たちの心の声を代弁したまでで、これは私の本心ではありません。

男性の皆様が、どれほど奥様を大切に思っているか、そして、その思いがなかなか奥様に伝わらず、または伝わっているのかよく分からず、もどかしい気持ちを抱えていらっしゃることをよく知っています。まるで、夫婦間の心のパイプが詰まってしまっているような感覚ですよね。

本書は、そんな妻と夫の間にある愛のパイプの詰まりを取り除き、心をスムーズに通わせ合うためのお手伝いがしたいという思いで書きました。もしこれを読んでくださっているのが〝夫〟の皆様であれば、奥様の気持ちを理解し、より良い夫婦のコミュニケーションができるよう、少しでもお役に立てると嬉しく思います。

あなたはどっち？ イライラ妻《夫をダメにする》 VS ニコニコ妻《夫を上手に動かす》

ではここからは、実際にあった「伝え方を工夫したら、夫が思い通りに動いてくれた！」という例を、受講生の実体験を交えてご紹介します。

夫を動かす伝え方を知らず、夫へのイライラが止まらない妻を**イライラ妻**、夫を上手に動かす伝え方を知っていて、いつもご機嫌な妻のことを**ニコニコ妻**と名付けて、それぞれがどんな行動を取るのか、解説していきますね。

子供の宿題を見ない夫

「夫が子供の宿題を見てくれないんです！」という悩みを抱えていたMさん。その他にも、家事・育児に協力してくれないご主人への不満が溜まりに溜まって、Mさんは爆発しては自己嫌悪の日々を繰り返していました。

さて、〝イライラ妻〟と〝ニコニコ妻〟の伝え方の違いを見ていきますよ。

【イライラ妻】

「宿題見てくれる？」

【ニコニコ妻】

「計算ドリルの5ページの問題を、最後まで一緒に解いてあげてくれたら嬉しいな」

勘が良い方はすでにお気づきだと思いますが、夫を思い通りに動かすのが上手なニコニコ妻は、**超具体的に要望を伝えます**。別の章で詳しく解説しますが、男性の脳は具体的に伝えないと伝わらない構造になっているんですよね。

Mさんの旦那様に「宿題見てくれる？」と言うと、息子さんの宿題をチラッと一目見るだけで終わっていたそうです！　その〝見る〟じゃないよっ!!　と突っ込みたくなりますよね。

嘘でしょ!?　思わず笑ってしまうようなエピソードですが、男性は面白いほど**言葉通りに受け取ってしまう生き物**です。講座のあと、Mさんが早速ご主人に超具体的に伝えてみると、はじめて息子さんの宿題に最後まで付き合ってくれたそうです。

タバコをやめてくれない夫

結婚当初からのご夫婦の課題だった「タバコ問題」に長い間苦しんでいたSさん。「タバコをやめてほしい」とこれまで何度もお願いしてきたそうですが、全く解決せず…。

ですが、私はなぜSさんのご主人がタバコをやめる気分になれないのか、よく分かりました。Sさんの伝え方は完全に**夫のやる気を下げてしまうコミュニケーション**だったからです。それがこちら▼

【イライラ妻】
「タバコやめてって何回も言ったよね。いつになったらやめてくれるの!?」

一方、愛されるニコニコ妻はこう伝えます▼

【ニコニコ妻】
「これまでタバコの吸い方についてあなたに何度も話をしているのに、お願いしているルールを守ってもらえなくて、私の気持ちを無視されてるみたいで、すごく傷ついているよ。お互いが心地よく過ごせるように協力し合える夫婦でいたいから、タバコはお小遣いの2万円以内でやりくりするか、電子タバコを試してみてくれたら嬉しい

な」（Sさんが実際に伝えたフレーズです）

さて、両者の伝え方の違い、分かりますか？

答えは、「責めているか、そうでないか」です。

実は、**責めてしまうと男性は〝話を聞くモード〟になれません**。

男性に伝える時は、「気持ちを無視されているみたいで傷ついてるよ」というように、あなたの〝気持ち〟を冷静に伝えることがポイント。そうすることで、男性は初めて自分の行動を改めなければいけないということに気づけるんですよ。

第2章で伝え方のテンプレートをご用意していますので、ご覧くださいね。

Sさんのご主人のその後ですが、この話し合いのあと「分かった」とすぐにSさんの気持ちを理解してくれて、数日後には「電子タバコを買ってきたよ！」と報告があったそうです。こんなにすぐ解決するなんて、「これまでの私たちって一体何だったの⁉」と、Sさんご自身もとてもビックリされていたことを今でも覚えています。

「話聞いてんの!?」と言いたくなる夫

子供のことや1日の出来事など、夫と共有したいことはいっぱいあるのに、話しかけても上の空。「ねぇ、聞いてんのっ!?」とイライラすることはありませんか？　ここでも、イライラ妻とニコニコ妻は全く違うアクションを取ります。

【イライラ妻】

無視されたことへの復讐として、言葉では何も言わず、2時間くらいわざと不機嫌な態度を取り続ける。

【ニコニコ妻】

「リアクションがないと、聞こえたのか聞こえてないのか分からなくて悲しいから、聞こえたら返事してくれたら嬉しいなー」

▶このニコニコ妻のフレーズは、受講生のYさんが実際にご主人に伝えたものです。このあとすぐ、「確かに‼」と、ちゃんとリアクションが返ってきて、その後もきちんと返事をしてくれるようになったそうですよ。不機嫌な態度を取ってイライラしてることに気づいてもらおうとするのではなく、**男性は言葉にしなければ伝わりません**。

私も昔、お皿を洗ってくれない同棲中の彼に対してイライラを見せつけるように、わざとガチャガチャ音を立ててお皿を洗っていました（笑）。ですが、態度で示したって男性には何も伝わらない上、何の解決にもなりません。最悪の場合、夫婦の間に修復不可能な溝ができて、取り返しのつかないことになってしまいます。

わざわざ言葉にしなくても念じれば何とかなる！　と思っている方もいらっしゃるかもしれません。残念！　そんなスピリチュアルなパワーは夫には通用しません（スピリチュアルの世界を否定しているわけではありませんが）。そして、〝以心伝心〟という言葉がありますが、これは普段から言葉で伝え合っているという土台があって、初めて生まれるものです。

心で念じたり、態度で示したりするのではなく、**必ず言葉で伝えないと伝わらない！**と覚えておいてくださいね。

＊

伝え方を工夫したら夫が変わった！　という例をいくつかご紹介してきました。

「こんなに変わるなら私にもできるかも！」とワクワクしている方もいらっしゃるでしょうし、一方で「私の家のダメ夫が今さら変わるのかしら…」と不安を抱えている方も多いと思います。

大丈夫です。受講生の皆さんも、初めは不安を抱えています。ですが、講座を通してこれまでの結婚生活の常識をガンガンぶち壊されていくので、「うまくいくとしか思えない！」という気持ちに変わっていくそうです。

次の章では、読者の皆さんが抱いている結婚・夫婦関係の思い込みや、固定概念をどんどん壊していきたいと思います。普段、講座でしかお話しする機会がなかった**禁断の内容**をお楽しみください。

Part 1

幸せな結婚の新常識。期待する！ 求める！ 我慢しない！

――心理学・脳科学が教えてくれたこと

今までの結婚常識は、間違いだらけだった！

夫婦関係は、「相手に期待しない！　求めない！　我慢することが肝心！」こんな言葉を見聞きしたことはありませんか？　もしくは、結婚に関してなんとなくそんなイメージを持ってしまっている方が多いのではないでしょうか。

私もその一人でした。というのも、私の父は度の過ぎた亭主関白で、「俺の言うことが絶対に正しい！　言うことを聞けないなら出て行け！」というような空気を、常に家庭に撒《ま》き散らしていました。手を上げることはありませんでしたが、料理を焦《こ》がした母にブチ切れたり、命令口調で指図したり、今思えばあれは完全なモラハラではないかと思うような父でした。

だからなのか、私の子供時代の記憶には、まるでそんな身勝手な父の奴隷のように、我慢して耐えて耐えて耐え忍んでいる母の切ない表情が鮮明に残っています。そんな母を見てきたからこそ、「自分を押し殺し、相手に何も求めず我慢して耐えるのが女の役割なんだ」という考え方が、潜在的に私の心の中に刷り込まれたのだと思います。
ですが、そんな考え方が180度ひっくり返ったのがニューヨーク留学時代の心理学の授業です。男性心理を知れば知るほど、これまで語られてきた結婚の常識は**実に間違いだらけ！**ということに気づいたんです。

今から大事なことをお話しするので、しっかりと心に留めておいてくださいね。

「相手に期待しない！　求めない！　我慢することが肝心！」
▶この情報は、男女の絆をズタボロに切り裂く凶器でしかありません。

円満な結婚生活を実現させたいなら、この〝真逆〟をやってください！

「相手に期待する！　求める！　絶対に我慢しない！」

▶これが、何千何万人ものカップル＆夫婦を研究した結果導き出された、科学的な検証に基づく幸せな**結婚の新常識**です。

ここからは、〝なぜ？〟の部分を、心理学や脳科学の観点から理論的にお話ししていきますね。

夫がどんどんイイ男に変わる〝期待〟の魔法

「ダンナに不満があっても言わない。どうせ直らないから期待しない」

ＳＮＳでこんな書き込みを目にしたことがあります。その瞬間、私は心の中でこう叫んでいました↓「オーマイガーー!!　それじゃどんどん夫がダメになってくよー！　男性は期待に応えるのが最大の喜びなんだよーー!!」と。

そうなんです。男性は期待されたい、そして期待に応《こた》えたい生き物なんです。それが、大切な妻なら尚更です！　もっと厳密に言うと、大切な女性の期待に応えた結果、女性が喜んでくれる姿を見るのが、男性にとってたまらなく**快感**なんです。

これには、人間の進化の歴史に理由があります。

原始の時代、男性の役割は、狩りで獲物を捕ってきて、家族の役に立つことでした。言葉を変えれば、大切な奥さんと家族を喜ばせることが男性の最大の役目であり、大げさに言えばそれが男性にとって〝生きる意味〟のようなものだったのです。女性が喜んでくれた時、男性は最高潮の喜びを感じるわけです。

人類の進化の長い歴史の中で、狩猟時代が一番長かったので、この時代の考え方のクセみたいなものが、現代に生きる私たちにも残っています。だからこそ、**「何をしたら嬉しいのか、何をされたら嫌なのか、ハッキリと教えてよ！　君の期待に応えるのが嬉しいんだよ！」**これが男性の本音です。

ここで、実際にあった受講生のエピソードをご紹介しますね。

講座に参加される前は、離婚を視野に弁護士に相談するまで夫婦仲が冷え切ってしまっていたNさん。講座を受けて、これまでは「どうせ言っても嫌な顔されるだろうから…」と自分でやっていたことも、ご主人にお願いしたり、頼ったりすることにチャレンジしました（詳しいお願いの仕方は第2章で解説します）。

Nさんのいつもと違う接し方に戸惑《とまど》ったのか、「え～、そんなこと言われても…」と初めは照れてしまっていたご主人ですが、続けていくうちに驚くべき変化がありました！　以下、Nさんから届いた実際のメッセージです。

今日も帰宅前に電話をくれた主人。お願いしたティッシュペーパーとは別に5つ連結したものも買ってきてくれました。

わたし「パパ！　お願いしたものはこれじゃないよー」
パパ「それも買ってきたよ。それとは別に。ママが沢山あれば喜ぶと思って、こっちも買ってきたんだよ」

それを聞いて、わたしは感動しました!!　いつもママが喜ぶと思ってしてくれていたことに気づかず、喜ばず…感動をきちんと伝えていませんでした。反省ー!!

わたし「パパなんて優しいの～！　◯◯ちゃん（お子さん）！　パパが沢山テ

ィッシュ買ってきてくれたよ！　嬉しいね～♡　パパ！　どうもありがとう!!」
パパもとても嬉しそうでした。
たかがティッシュですが、我が家では感動の一場面となりました。
これからは家族の気持ちを丁寧に扱える女性を目指し、頑張ります!!

いかがでしたか？
Nさんのご主人の、

「ママが喜ぶと思って買ってきたよ」

この言葉をぜひ胸に刻んでください。全世界の夫の本音です。夫はいつでも妻を喜ばせたいんです。夫だけではなく、全ての男性がそう願っています。それなのに、「どうせ期待しても無駄」と勝手に諦《あきら》められて、こうしてほしい、ああしてほしいと声を上げてくれない。これでは夫としての力を発揮できないので、家庭にいることがとてつもなく居心地が悪いと感じるようになってしまいます。

だからこそ、夫の家事・育児へのモチベーションを上げるために**夫に期待するべき**なのです！

Nさんのご主人は、先ほどのエピソードのあとにも、Nさんのことを思った行動がどんどん増えていきました。お子さんの学校の行事の時にはご主人と二人で並んで歩いて行かれたそうですが、「仲良く普通に会話できて、久しぶりにワクワクしました」と喜びのご報告がありました。

離婚寸前のご夫婦であっても、男性という生き物をよく理解し、関わり方をほんの少し変えるだけでまるでドラマのような劇的変化を体験することができます。

ということで、ここまでのおさらいをしてみましょう。

「どうせ言ってもやってくれないから期待しない」なんて言わないでください（やってくれないのは多くの場合〝言い方〟に問題アリ！）。それはつまり、「あんたなんてどうせ役立たずなんだから、もう何も求めません」ということですよね？　この考え方は男性に対して非常に失礼です！　なぜなら、男性にとって最大の屈辱だからです。

男女関係において、女性の役に立つことが最大の喜びであり、生き甲斐である男性にとって、〝役立たず〟として扱われてしまったら…それは生きる意味を見失ったのと同じです。深く傷つきます。こうなってしまうと、男性は夫婦関係以外にその喜びを求めるようになります。他の女性やキャバクラに求めてしまう男性の気持ちにはこのような背景があります。

そうならないために、ご主人にどんどん期待して、どうしてくれたら嬉しいのか、何をされたら嫌なのか、ハッキリと伝えましょう。期待すればするほど、夫はあなたの思い通りの理想の夫になろうと頑張ってくれますよ。女性の役に立てることは、男性にとって生きる喜びですから！

危険！「相手に求めてはいけない」はウソ

夫にどんどん求めなきゃダメですよと言うと、今回出版するにあたり大変お世話になっている編集長のTさんが前のめりになって、「え、求めていいんですか!!」とおっしゃったのがとても興味深かったです。

ただし！　ここからが超重要ポイントですよ。求めると言っても、態度や表情から察してもらおうとしないでくださいね。

「状況を見て察して家事やって！」多くの妻たちが、夫に〝察すること〟を望んでいます。ですが、ハッキリ申し上げます。

無理です!!（笑）

というのも、男性の心や脳の作りが察することができないシステムになっているんです。

男性は、言葉で伝えないと理解できない生き物です。遠回しに求めるのではなく、ストレートに言葉で求める。これこそ、ずっと続く夫婦円満の大きなカギです。

ここからはまた、これまでの研究データを基にして理論的に解説していきますね。

まず、脳から見ていきましょう。

長い間、研究者たちが男女における脳の違いを研究してきました。その結果、男女で脳のつくりや使い方に大きな違いがあることが分かっています。どの研究データもまだまだ議論の余地があると言われていて、謎に包まれている部分もありますが、それでもこれまで分かっている情報を知ることは、男女がお互いを理解し、良好な人間関係を築く上でとても参考になることばかりです。

では早速、男性はなぜ言葉で言わないと伝わらないのか、という謎を解明していきます。

男女でこんなにも違う！　脳のはたらき

私たちの脳には右脳と左脳があり、右脳はイメージや感覚などの情報を処理していて、左脳は言葉や数字を処理しています。脳が情報を受け取る時に、男女で違いが現れると言われています。次のページの図1をご覧ください。

男性は情報を処理する時、主に左脳を使います。一方で女性はというと、両方の脳をバランスよく使っているんです。と言っても、よく分からないと思いますので、日常生活に当てはめて説明しますね（参考文献※1）。

私が歯医者で麻酔を使う治療をして帰宅した時のことです。

痛み止めの効果が切れかかり、歯茎に嫌な感じの痛みが襲ってきていたので、私は玄関からベッドに直行して倒れこむように横になりました。

ここで、家で娘を見てくれていた主人が咄嗟《とっさ》に「大丈夫？」と寝室に来てくれるかと思ったのですが、10分経っても30分経っても彼は来ません。痛みが限界だったせいもありイラッときて、こんな言葉を言い放ってしまいました…。

図1

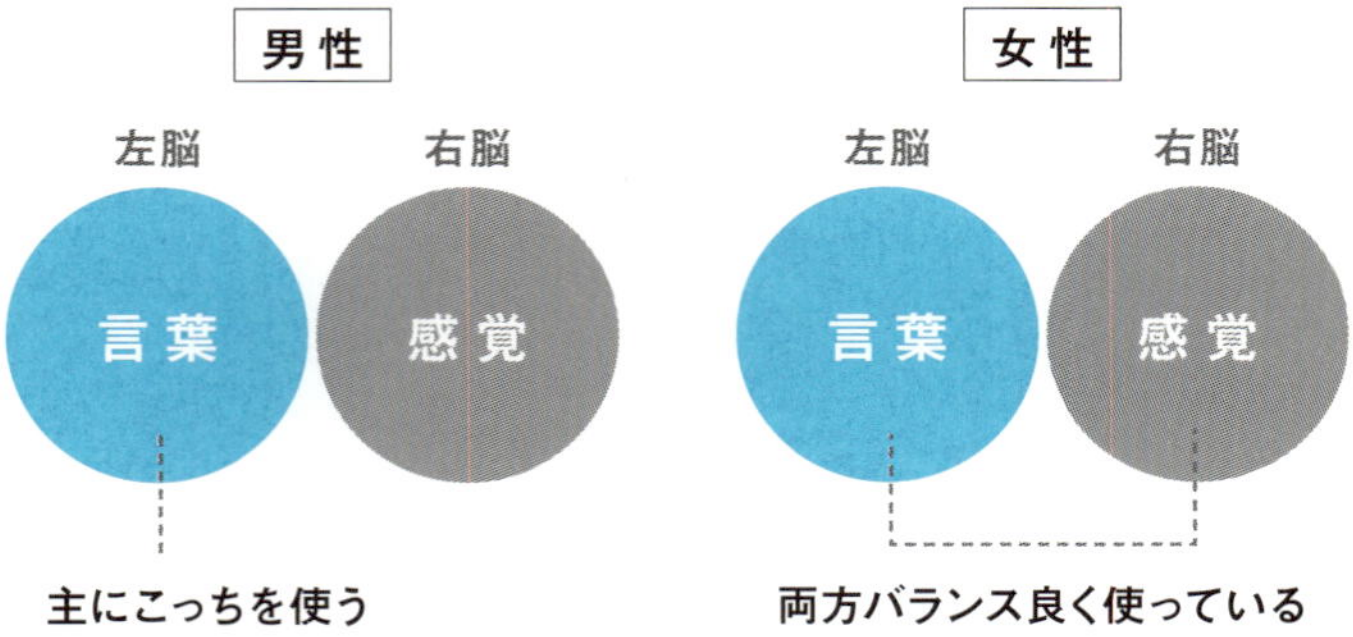

「ねぇ、なんで大丈夫とかいうひと言が出てこないわけ!?　こっちは痛くて休んでるのに!」

するとと彼の口から思いもよらない言葉が出てきたのです…。

「え、だって、痛がってるってこと、知らなかったもん」

嘘でしょ!?　帰ってきた時の私の様子見て分からなかった？　と聞いたら、分からなかった…と(笑)。

呆《あき》れました。そして、ハッとしました。普段、講座で「男性は察せない」と教えているにもかかわらずお恥ずかしい限りです。男性は言葉で言わないと伝わらないとはこういうことです。

図1の通り、男性は情報を処理する時に主に左脳を使います。左脳は言語情報の処理担当です。つまり、情報を言葉で伝えてもらわないと、理解できないのです。

私が「痛くて辛いからこっちに来てほしい」と言葉で伝えていたら、彼も理解し、その通りにしてくれたでしょう。この件に関しては、帰ってきてすぐに無言でベッドに直行した私が完全に悪いと反省しました。

女性の場合は、情報を処理する時に両方の脳を同時に使います。右脳を使って人の仕草や表情、その人から発せられる雰囲気などの感覚的な情報を読み取って、左脳を使って「きっと具合が悪いんだ」「こういう時はひと言、大丈夫？って声かけてあげたほうがきっと安心するはず」というように言葉に置き換えて理解できますし、その先にどんな行動をすべきかまで判断できます。

また、子育てを経験している方なら誰でも想像がつくと思うのですが、例えばまだ言葉を話せない赤ちゃんが泣いてる時、「お腹空いたのかな？　ちょっと部屋が暑いのかな？　それとも眠いのかな？」と、気持ちを察してなんらかのアクションを起こすしかないですよね。次第に、「あ！　この泣き方はただ寂しいだけだな」「この泣き声は眠い時の泣き方だな」と、不思議と意思疎通ができるようになるという経験がある方もいらっしゃるのではないでしょうか。子供が2、3歳になって、まだ片言のような言葉しか話せない時も、何が言いたいのかを必死で察してあげようとしますよね。子供を育てることがメインの役割だった原始の時代から、こうして女性は察する力が伸びて、察することが苦手なDNAは淘汰《とうた》されていったのです。進化の歴史を考えてみると、男女がなぜここまで違うのかが面白いくらいクリアになってきます。

気が利かない夫に罪はない！　真犯人はこの子です

さらにもう一つ、面白い研究データをご紹介します。

ドイツで行われた研究によると、**男性は女性の表情から気持ちを汲み取ろうとするのが非常に困難であり、ストレスがかかる**ということが明らかになりました（参考文献※2）。

その研究では、22人の男性に、女性の表情から気持ちを読み取る時と、男性の表情から気持ちを読み取ろうとする時で、どのような違いがあるかを調べました。その結果、男性の気持ちを汲み取るよりも、女性の気持ちを読もうとする時のほうが2倍の困難が生じるということが分かりました。

同時に分かったのが、とても興味深い脳の動きです。

脳の奥にある扁桃体《へんとうたい》という部分が感情の処理を担当しているのですが、この扁桃体が女性の表情から気持ちを読もうとするとあまり活発には機能せず、男性の表情から気持ちを察しようとする時には著しく活発になりました。察せない夫に悪気は全くなく、脳の奥に真犯人がいたのです。

研究者たちの見解としては、男性は狩りをしたり男性同士でテリトリーの争いをしていたので、男性同士の争いで優位に立てるよう、敵の男性の表情から意図を読み取ったり、その後のアクションを予測する力が強化されていったのではないかということです。


男性が女性の表情から気持ちを察するのが苦手というのは、このように脳の機能や人の進化の歴史からも説明できるんですよ。

ただ、脳の使い方やクセというのは、生まれ育った環境や長く身を置いている環境、また、その時の心理的状況で変わるという研究データもあるので、男性だからこう、女性だからこうと100％言い切れる訳ではありません。

あくまでも個人的な経験に基づく意見ではありますが、例えば美容師さんやメイクさんなど女性と関わるお仕事に就《つ》かれている男性や、女きょうだいに囲まれて育った男性の場合は、女性の気持ちを分かってあげるのが上手な方が多いなと感じています。

ダメ夫をつくるホルモンがあった！

そしてさらに、もう一人の犯人が、テストステロンという男性ホルモン。男性にも女性にも分泌されていますが、女性は微量で男性の5～10％程度です。つまり、男性の方が圧倒的にこのホルモンを保有しています。

オランダのユトレヒト大学の研究によると、このテストストロンが人の気持ちを汲み取りにくくする原因の一つであることが明らかになりました。

この研究には16人の女性が参加し、テストステロンを摂取したグループは、摂取する前よりも明らかに人の気持ちを読み取るのに時間がかかっただけでなく、感情を読み取る脳の機能が大幅に低下しました**（参考文献※3）**。

女性に比べてテストステロンの保有量が圧倒的に多い男性ですから、人の表情から気持ちを察することが苦手なのも納得ですよね。

男性のリアルな本音を紹介

さて、いかがでしたでしょうか。

脳科学、人間の進化の歴史、心理学、生体学の観点からなぜ男性が察することができないのかという理由をお話ししてきました。男性は察することができない心と体の構造になっているということがお分かりいただけたと思います。

男性に「察してよ！」と要求するのは、「ねぇあなた、母乳出してよ！」という無理なお願いをするのと一緒です！（笑）

男性の体は母乳を作る機能がないように、察する機能がないと考えてください。だからこそ、察してもらうのを待っていないで、言葉にしないと伝わらないんです。

＊

ここで受講生のIさんと彼のエピソードをご紹介したいと思います。

Iさんは講座を受け始めてから元彼と復縁しましたが、その彼がこんなことを言ってくれたそうです。

「今のIは、こうしてくれたら嬉しい、ああしてくれたら嬉しいって**具体的に言ってくれるのがいい！**　これはしていいんだっていう自信がつく！」

女性同士だと、遠回しにやんわりと物事を伝えるのがマナーという空気がありますが、男性に同じことをやってしまうと大変迷惑です！　なぜなら、それじゃ理解できないから。具体的に、ストレートに伝えることが男性と心地よく過ごすためのマナーなんだと考えてみてください。

別の受講生のNさんは、旦那さんから「こうしてくれたら嬉しい、こうされたら嫌っていうのを**ハッキリ言ってくれるところが好き**」と言われたそうですよ。

我慢はリスクでしかありません！

日本の文化は「包む」ことが美しいとされています。着物に身を包むと言いますし、物は風呂敷で包みます。結婚式のご祝儀袋もまず中袋があり、その上からまた包み、その上から袱紗《ふくさ》でさらに包みます。もちろん、これらは残しておきたい日本の美しい文化であると考えています。

ですが、捨てなければいけない文化があると感じています。

それは、「本当に言いたいことを慎む文化」です。風呂敷で物を包むように、本当の気持ちも心の奥底に包み込んでしまい、なかったことにしてしまう。

相手に対して不満があったとしても、本当に言いたいことを飲み込んでしまい、耐えて我慢するのがスタンダードになってしまっているような気がします。

もちろん、時と場合によっては本当の気持ちを抑えたほうがスムーズに物事が解決に向かうこともありますが、夫婦関係においてはこれは通用しません！

これまでの研究で、5万組の夫婦を調査した結果分かった「うまくいかないカップル・夫婦に見られる3つの共通点」があります**（参考文献※4）**。


それがこちらです。

1 本当の気持ちを伝え合えていない
2 お互いの考えを素直に伝え合えていない
3 何でも言い合える雰囲気がない

この3つです。

つまり、相手への不満や、相手とは違う自分の考えなど、言いたいことを自由に言い合えないカップルに未来はないと言うこと。

我慢を続けることはリスクしかありません！

もちろん、我慢しないで言いたい放題言えば良いというわけではありません。ここは誤解しないでくださいね。相手が受け取りやすいように言葉の選び方に配慮して伝える必要があります。これが、相手への思いやりです（詳しくは、第2章、第3章で解説しています）。

Part 2

夫が思い通りに動いてくれるようになる
最強の秘訣・ピュアコミュニケーション

——賢い妻だけが知っている6つのルール

「こっちが何も言わなくても、自主的に家事・育児を手伝ってほしい！」

多くの妻たちがこう願っていると思います。ですが、世の中を見渡してみると、そんな願いをことごとく打ち砕くような夫が多いのではないでしょうか。

たとえば、こんな夫、あなたの家にもいませんか？

幼稚園に通う娘が待ちに待った運動会の日。他のお父さんたちは早朝から並んで場所取りをしてくれるのに、うちのパパはいつまで経っても起きてこない。こっちは早起きしてお弁当作りや他の家事が色々あって忙しいのに、何度起こしても起きない…。

〝ねえ！　運動会だよ⁉
少しは手伝ってよ‼〟

これは、以前受講生のYさんが経験した夫へのイライラ体験なのですが…、実は夫にも言い分があります。

手伝いたくないというわけじゃないんです。単純に、**妻が手伝ってほしいと思っているいることに気づいていないだけ**というケースがほとんどです。

男の本音

「男の感覚からすると、直接ヘルプを求められてないのに、進んで相手に助け舟を出すのは妻に失礼だと考えますね（勝手な言い分ですが。笑）」

前の章でお伝えしましたよね？　男性は察することができません。言葉にして言わないと動いてくれません！　ですが、ただ言葉にすれば良いわけではなく、男性に伝わる〝伝え方のルール〟というものが存在します。

そのルールのことを講座では**ピュアコミュニケーション**と呼んでいます。

ここで、ピュアコミュニケーションを使い、妻に家事・育児を任せっきりだった夫をたった1日で激変させることに成功したSさんの実体験をご紹介しますね。

Sさんのご主人は基本的に家事・育児は全て妻任せ。自分から動くというのはまずない！　というご主人でした。Sさんは3児の働くママで、そろそろ自分のキャリアアップに本腰を入れていきたいと思っていらっしゃいました。

ですが、その思いとは裏腹に、本当は仕事に充《あ》てたい時間も溜まった家事・育児で埋め尽くされ、仕事の時間もリフレッシュの時間も全然取れない…。もう我慢の限界です！　という極限の精神状態。

ご主人に手伝ってほしいと伝えると、手伝ってはくれるものの、1週間もすれば元通り。2人で決めた家事・育児のルールを守ってくれないと悩んでいらっしゃいました。

そんな不満が溜まりに溜まって一気に不満を爆発させると、ご主人は腕を組んで下を向き、目を瞑《つむ》って貝のように黙り込んでしまう…。この繰り返しだったそうで、どうにかしたいんです！　と、Sさんは切羽詰まっていました。

そこで一緒に考えたのが、ピュアコミュニケーションを使った、「ご主人に伝えるべきセリフ」です。よく、「そこまで教えてもらえるんですか!?」と生徒さんに言われるのですが、当然です。男性心理をフワッと学ぶだけで、実生活で使える〝夫に伝わる具体的なフレーズ〟までお伝えしなければ意味がありませんから。

Sさんはその晩、A４ノート半分に書いたセリフを頭に入れて、準備万端でご主人に伝えたそうです。その結果…、後日、驚くべきご報告をいただきました！

それがこちら

今朝は、私がちょっと寝坊してしまったんですが…旦那さんのほうが早く起きて、洗濯物を干しておいてくれていたんです！

私が下の子二人を寝かしつけに二階に上がった後、長男はまだリビングで起きて宿題等をしていることが多いのですが、夫は二階で携帯のSNSを見たりしないで、降りて行って長男と何か話したりしていたようです。

こんなことは、絶対に今までないんです！（笑）

これ以降も、ご主人の凄まじい変化が止まらなかったようで、Sさんから興奮気味の報告が絶えませんでした。以下は、そのごくごく一部です。

今日は7時半頃に家に帰ってきてくれて、子供たちと買い物に行ってくれました！　まだ帰って来ないので家に私一人です。ありえない…この時間に一人静かに家にいるなんて、信じられません（笑）。

しかも出かける前に、朝干した洗濯物を何も言ってないのにたたんでくれたんです！（また中途半端に半分くらいまでですが…笑）　しかも洗濯物をたたみながら、なんと「あのさぁ、本当にこれからのこと決めない!?　ちょっと計画を立てない？　本気で」と切り出してきたのです!!　この変化は一体…!?　ちょっとかなり驚いています。

（数日後…）

今日は夜、彼の方が先に帰っていたのですが、なんと豚汁とかぼちゃの煮物と、野菜炒めを作ってくれてました。いつもなら、もしやってくれたとしてもカレーのみなんです。今日は子供たちを連れて買い物に行って材料を買ってから、作ってくれたようです…とっても上手な出来にもびっくりでした！

まるで魔法でもかけたかのような変化ですよね。

ですが、魔法ではなく、Sさんはピュアコミュニケーションを使って、ほんの少しだけ伝え方を工夫しただけなんです。

では、ここからはお待ちかねの具体的な伝え方のルールをお伝えしていきますね。

Rule 1

絶対に責めない！

「なんで○○してくれないの？」

「どうして○○してくれないの？」

「何度言ったら分かるの？」

これらの**相手を責めるフレーズ**は
夫のやる気を一瞬で破壊してしまう**絶対ＮＧワード**です。

男性は責められることを心底嫌います。もちろん、責められるようなことをしているのですが（笑）。

なぜ責めてはいけないのかというと、その理由は大きく分けて2つあります。

1 急所をパンチしないで

男性にとって女性の役に立つことは生き甲斐であり、大きな喜びです。それなのに、何で○○してくれないの？　と相手の能力を責めるということは、言葉を変えれば「あなたって役立たずよね」と言い放っているようなものです。

これ、男性が最大に傷つくポイントなので、もうこの時点で夫のやる気ゼロです。

役に立てないということは、生存する理由を失ったようなものですから…。

つまり、責められるということは、男性からしたら**急所を思いっきりパンチされたような心の痛み**を感じるんですよ!!　ＯＨ ＮＯ!!

2 ライオンが襲ってきた時と同じ恐怖を感じる

イメージしてみてください。あなたはジャングルを探検しています。すると突然牙《きば》をむいた大きなライオンが目の前に現れて襲いかかってくるではありませんか！

さて、ここで質問です。

あなたはこの瞬間、冷静に物事を考えられますか？　例えば「ライオンって思ったよりも髪の毛フサフサだなぁ〜」なんて呑気に考えてる時間、あります？　ないですよね！　逃げるか、戦うかしか考えられないわけです。

これは英語で fight-or-flight response（戦うか逃げるか反応）と言われるもので、長い進化の歴史の中で人間が危険を回避し、生き延びるために備わってきた本能です。みなさんの脳の奥のほうにある一番原始的な〝昆虫脳〟と呼ばれる部分で恐怖を察知したり、生命に関わる情報を処理しているんですね。


実は、夫が妻に責められた瞬間、夫の脳のこの部分が恐怖を感じるセンサーを発動します。「緊急事態！　緊急事態！　ピコーンピコーン」とサイレンが脳内に響き渡る感じです。つまり、ライオンが襲いかかってきた時の恐怖と全く同じ事態が起こっているんだ！　と脳は認識しています。

そんな生命の危機レベルの緊急事態の時に冷静に物事を考えられないのと同じで、

妻から責められた夫は、冷静に妻の言葉を受け止めたり、自分の行動を振り返って反省したり、次はこうしようという解決策を考えることができません。それは、論理的に情報処理する脳の機能が完全にストップしているからです。

恐怖を感じている時、人間は「逃げるか、戦うか」の選択を本能的にしてしまいます。ですから、〝逃げる〟選択をした夫は貝になって黙り込む。一方で、〝戦う〟というチョイスをした夫は逆ギレして妻に暴言を吐き捨てたりします。どちらを選ぶかについては、これまで色んなケースを見てきましたが、その人が持っている性格や気質、また、その時の状況にもよるものだと考えています。

先ほどご紹介したSさんのご主人は、前者の黙り込んでしまうタイプでした。Sさんは講座に参加されるまで「何で手伝ってくれないの？」とご主人を責める言い方しかしていなかったんですよね。

皆さん、ライオン妻にならないように要注意です！　責められた時点で、夫は〝聞くモード〟のスイッチを完全ＯＦＦにし、次から改善しようなんて到底思えません。

Rule 2

不満は感情とともに伝える

ルール1では「絶対に責めない」とお伝えしましたが、
責めないで一体どうやって伝えればいいの!?
早速、当てはめるだけで使える、
夫への不満の伝え方のテンプレートをご紹介しますね。

❶〇〇されて悲しかった＋❷今度から〇〇してくれたら嬉しいな

これが不満の伝え方の基本形です。私のレッスンではこのテンプレを何度も何度もお伝えしてロールプレイもするので、受講生たちはこのテンプレを頭に叩き込まれます。今後の夫婦関係の鍵を握っている重要なコミュニケーションスキルだからです。

さて、このテンプレのポイントをお伝えしますね。

1 賢い妻は〝Iメッセージ〟を使いこなしている

まず、このテンプレートを使った言い方だと**責めていない**ということにお気づきですか？　あくまでも「私はこう感じた」と伝えているだけで、相手の行動を否定したり相手の欠点を指摘したりしていません。

実はこれ、心理学ではＩ（アイ）メッセージと言われるもので、相手を批判したり傷つけたりすることなく、自分の要望を伝えるコミュニケーションスキルのことを指していて、相手を動かすテクニックとして知られています。

「（私は）○○されて悲しかったよ」「（私は）○○されて不安を感じてるよ」というふうに、〝I（私）〟から始まる文章で自分の感情を伝えるまでにとどめてください。責めたくなる気持ちも分かりますが、そこはグッと抑えて！

というのも、〝あなたは〟から始まるYOUメッセージがこの真逆にあたり、「なんで（あなたは）○○してくれないの？」と言ってしまうと、そんなつもりはなくても相手は〝責められた〟と感じてしまい、夫は一瞬でやる気を失います。

Iメッセージを漢字で表せば、夫に思いが確実に伝わる**愛メッセージ**です。感情を投げつけるのではなく、あなたの気持ちをそっとテーブルに置いてご主人に見せてあげるイメージで伝えてみてくださいね。そうすることで、夫もあなたの気持ちに気づき、自分の行動を冷静に省みることができます。

2 してほしいことも一緒に伝える

感情を伝えた後に必ず②の部分、「今度から○○してくれたら嬉しいな」も伝えてください。つまり、①と②は必ずセットにしてくださいね。夫が知りたいのは「で、俺にどうしてほしいの？」という**妻の本当の望み**だからです。

繰り返しますが、男性にとっての喜びは女性の役に立つことです。妻が悩んでいるのであれば、夫としては早く、効率良く、その問題を解決したくなる。だからこそ、「で、どうしてほしいの？」ということが知りたいんです。

話が長くて一体何を言いたいのか分からない女性が、男性に面倒くさがられる理由はここにあります。必ず結論の部分である「今度から○○してくれたら嬉しいな」の部分も伝えてあげてくださいね。

3 感情ならなんでもOK

❶ ○○されて悲しかった ＋ ❷ 今度から○○してくれたら嬉しいな

「悲しかった」と書いてある破線の部分、ここは感情であれば何でもOKです（不安、寂しい、ショック、傷ついた、否定されたように感じたｅｔｃ…）。ピンと来ない方のために、次のページに感情リストを付録としてご用意しました。

夫との良好なコミュニケーションのために、自分の感情に気づいたり、それを言語化したり、相手に伝えることは非常に重要な鍵となります。感情リストの中からご自身の心のモヤモヤに当てはまるものをぜひ見つけてみてくださいね。

言ったところで嫌な顔されるし…と思いますよね。

いいんです。嫌な顔されたとしても。正直に伝えて、お互いのイライラポイントを早いうちに理解し、お互いが気持ちよく過ごせるコミュニケーションの方法を見つけたほうが、妻も夫もストレスなく生活できますよね？

それに、「こういう言い方されると悲しい」と伝えることは、その裏側にある「こういうふうに言ってくれたら嬉しい」と、あなたの〝喜びポイント〟も同時に伝えることにもなるんです。夫からしたら、言ってくれたほうが有難いです。なぜなら、そのほうが妻を喜ばせられるチャンスが増えるから！　そして、妻を悲しませる確率が

感情リスト

・悲しい
・寂しい
・不安
・心配
・怖い
・怒り
・ショック
・切ない
・苦しい
・傷ついている
・イライラする
・ムカつく
・悔しい
・不満
・孤独
・疎外感
・恥ずかしい
・うしろめたさ
・罪悪感
・怒り狂っている
・めっちゃ腹が立つ
・不安定な気持ち
・心がフリーズしたような気持ち
・私の気持ちに耳を傾けてもらえていないような気持ち
・感情に押しつぶされそう
・愛されてないと感じる
・誤解されていると感じる
・批判された気分
・私のことなんてどうでもいいんだと感じる
・私のことを気にかけてもらえてないと感じる
・心が落ち着かない
・張り詰めた気持ち
・あなたが正しくて私が間違っていると言われているような気分
・自分で自分をコントロールできないような気持ち
・不公平な気持ち
・からかわれてるような気分
・ないがしろにされたような気持ち
・私のことを嫌いなんだと感じる
・私には魅力がないんだと感じる
・怒りが収まらない
・軽く見られてると感じる
・バカにされたような気持ち
・もう逃げ出したい気持ち
・感情に飲み込まれたような気持ち
・心が落ち着かない／心が不安定
・行き詰まった気分
・無力感
・どうすることもできないような気持ち
・私の気持ちを無視されたような気持ち
・心にぽっかり穴が空いた気分
・心を亡くしたような気持ち
・何も感じられない
・言葉にできない気持ち
・責められたような気持ち
・見捨てられたような気持ち
・バカにされたような気持ち
・恥をかかされた
・いっぱいいっぱい
・後悔
・心が疲れ果てたような気分
・人格を否定されたような気持ち

減るから。
だから、私は受講生によくこう言っています。

不満を正直に伝えるのが夫への思いやりです

と。

逆にずっと我慢してイライラを溜め込んでしまうほうが夫は傷つきますよ。

今回ご紹介した「不満の伝え方テンプレート」は、妻が夫に対して一方的に不満を抱えている場合に有効なフレーズです。もし、お互いに不満を抱えている場合は、また別のアプローチが必要です。講座ではそんな時のために「ケンカの台本」と名付けた話し合いのためのテンプレートを秘密兵器としてお渡ししています。

本書ではまず基礎の部分を分かりやすくお伝えしたいため割愛させていただきますが、また機会があればお話しできたら良いなと思っています。

Rule 3

夫のやる気200倍UP！上手な「お願いのコツ」を学ぶ

夫が自分から動いてくれるように
「うまく操縦する方法」を知りたい！　そう思いませんか？
実はこれ、簡単です。

お願いする時に、**「嬉しいな」**という言葉を足すだけ！　そして、実際にやってくれたあとには「○○してくれて嬉しい」と、あなたができる最大の喜びを表現してあげてください。よく、ブリブリ、キャピキャピしなきゃいけないと勘違いされる方がいるのですが、あくまでもあなたができる自然な喜びの表現でＯＫですよ。

役に立つことが大好きな男性にとって、**女性が喜ぶ姿**は他の何にも代えられない**最大の報酬**です！　会社から貰うお給料やボーナスとは全然比べ物にならない喜びの質だそうです。

男の本音

「やる気が出るので、普段のリアクションの3倍増し増しでお願いしま〜す♪」

ですので、妻がこれをすれば喜んでくれるというのが分かれば、妻を喜ばせたいというゴールに向かって一直線でアクションを起こしてくれます。

ということで、夫のやる気が200倍UPする伝え方のテンプレートはこちらです。

▼▼

❶ ○○してくれたら嬉しいな

▼

★夫のアクション

▼

❷ ○○してくれて、嬉しい!

もし、「嬉しいな」というのがどうしても照れ臭くて違和感がある…という方は、「助かる」「助かったよ!」という言葉を代わりに使っていただいてかまいません。男性に役に立っている実感を与えてあげることがゴールなので、助かったという言い回しでもそれが十分伝わります。

ただし！「ありがとう」はＮＧワードです。なぜかというと、ありがとうという言葉は誰もが日常的に使う言葉ですよね？　ですので、あなたが喜んでいるというのが夫に伝わりづらいんです。男性は言葉通りに受け取る生き物です。もちろん、表情や声のトーンにもよりますが、**基本的に「ありがとう」は「こんにちは」という挨拶とあまり変わらない**と思ってください。それでもハードルが高すぎる！という方は、まずは〝ありがとう〟から始めて、徐々にステップアップしていくのもアリです。

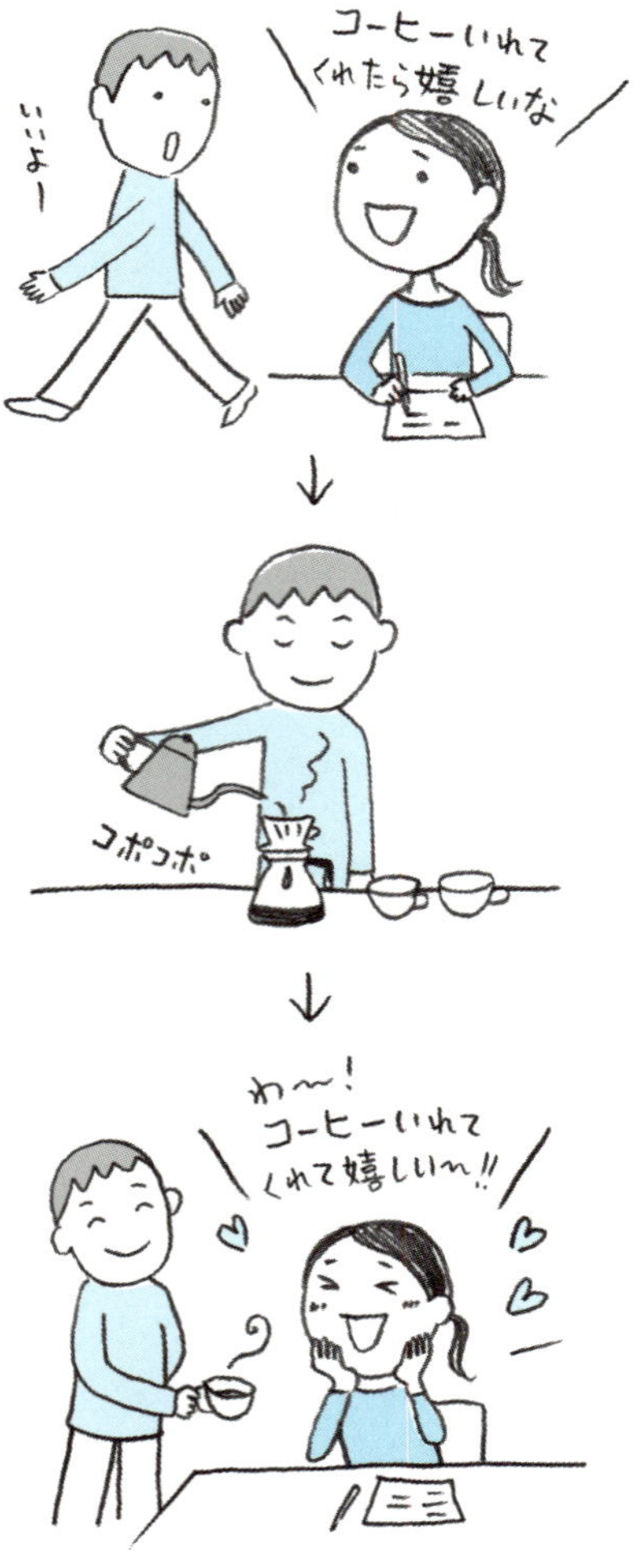

Rule 4

“〇〇”の中身は超具体的に

男性は察することができない生き物だから
やんわり伝えても理解できません。
直球のどストレートで伝える感じがちょうど良いですよ。

ルール2では「不満の伝え方」を、ルール3では「上手なお願いの仕方」をお伝えしましたね。

不満の伝え方のテンプレート

❶○○されて悲しかった＋❷今度から○○してくれたら嬉しいな

上手なお願いの仕方のテンプレート

❶○○してくれたら嬉しいな＋❷○○してくれて、嬉しい！

これらの〝○○〟の部分に入れる言葉がとても重要です。この部分は、**超具体的**に。

たとえば、この章のはじめにご紹介したSさんは講座に参加する前、「もっと家事を手伝ってほしい」としかご主人に伝えていませんでした…。これではご主人がこれまで動いてくれなかった理由も分かります。

なぜなら、

具体性が足りない！

家事って、何を？　どれくらいの頻度で？　いつ？　〝もっと〟って、どれくらい？
ここまでの情報が必要です。
例を挙げてみますね。

✕車の中を掃除してほしい
◀
〇週に1回は車のシートと床に掃除機をかけて、要らないゴミは全部捨ててほしい
◀
✕ゴミの日には自分からゴミを捨てる準備をしてほしい
◀
〇ゴミの日には、ゴミ箱から袋を取り出して、袋を結んで玄関に置いておいてほしい

×子供にもっと関心を持ってほしい

◀

○週に1回は、午前中だけでいいから子供を連れて公園に遊びにいってほしい

×もっと私の話を聞いてほしい

◀

○仕事から帰ってきたら10分でいいからスマホを見ないで、何もアドバイスなしで、ウンウンって私の話を聞いてくれたら嬉しい

いかがですか？

よく生徒さんからも「こんなに細かく伝えなきゃいけないんですね」「こんなに丁寧に夫とコミュニケーションしたこと、ありませんでした」と言われます。ですが、夫を思い通りに動かすためには、ここまで**超～具体的**に伝える必要があります。

その理由の一つが**失敗したくない**という男性心理。

何に失敗したくないのかと言うと、「妻を喜ばせることに失敗したくない」ということです。夫はいつでも妻の役に立ちたいと思っています。逆に、役に立てずに喜んでもらえなかった…なんてことになったら、オスとして存在する価値がないに等しいので一気に自信を失います。可愛いですよね（笑）。

男性がサプライズに苦手意識を持っている理由もここにあります。

「これをすれば役に立てるんだ！　妻が喜ぶんだ！」という**明確なアクション**が分かれば、男性は「よーしっ!!　俺に任せとけー！」と言わんばかりに、喜んで行動を起こしてくれます。

この具体的に伝えるコツが分かれば、夫とのコミュニケーションがそれはそれはもう～楽しくなってきますよ。思い通りに動いてくれるんですから！

Rule 5

理由も一緒に伝える

ここまでご紹介してきた
4つのルールを使って伝えてみても、
夫の反応がイマイチ…という時は、
なぜそれをしてほしいのかという
「理由」も伝えてみてください。

人は理由があれば行動したくなる生き物です。また、男性は論理的思考が強いので、その理由が明確で、納得すれば、素早く行動したくなる性分です。

たとえば、「ゴミはゴミ箱に捨ててくれたら嬉しい」と伝えるだけでやめてくれるお利口さんな夫なら素晴らしいですが、それでも動いてくれない夫なのであれば、このように伝えてみてください。

「家族みんなが心地よく過ごせるように、綺麗な部屋の状態をキープしたいから、ゴミはゴミ箱に捨ててくれたら嬉しいな」

波線を引いた部分が「理由」です。できれば、その理由がお互いにとってメリットがあることだとベターです。

Rule
6

夫のやる気を一瞬で破壊する4つの〝ちゃん〟を知る

これが最後のルールです。
夫のやる気を一気に低下させてしまう
4つのコミュニケーションのタイプがあります。

これまでお伝えした内容の復習でもありますので、さらっとご紹介しますね。

1 責めちゃん／2 察してちゃん／3 比較ちゃん／4 命令ちゃん

まず、**責めちゃん**についてですが、男性は絶対に責めてはいけないとルール1でお伝えした通りですので、詳しい説明は割愛させていただきますね。

そして2つ目が**察してちゃん**です。
これも何度もお伝えしているように、男性は察することができませんので、してほしいことをどストレートに伝えましょう。
「部屋が散らかってるな～」「あーこの荷物重たいな」と、してほしいことを遠回しに言って察することを期待しても無理です！

次が**比較ちゃん**です。
性別問わず、誰もが比べられることに不快感を感じると思いますが、男性はこれを心底嫌います。

これは男性の夢でありロマンでもあるのですが、「いつでも俺が一番でありたい」という気持ちが根底にあるからです。大切な女性であれば尚更。大切な妻にとっての一番のヒーローでありたいと思っています。

それなのに、「○○ちゃんのパパは毎週子供を見てくれて、ママがリフレッシュできる時間を作ってくれてるんだって。羨ましいな～」なんて比較されてしまったら、男のプライドがズタズタです…。

比較するということは、遠回しのダメ出しであり、人格否定なので避けるべきコミュニケーションです。

最後に知っていただきたいのが**命令ちゃん**です。

「○○してよ！」というような命令口調はNGです。「私が上であなたは下よ」と言っているようなもので、支配するものVS支配されるものという関係性を作ってしまいます。

その時点で対等な関係ではなくなりますから、健全なコミュニケーションではありません。

誰だって命令されたら嫌な気分になりますよね。それに、男性は支配されたりコントロールされたりすることが嫌いです。なので、命令口調ではなく、ルール3でお伝えした「～してくれたら嬉しいな」というフレーズを使ってみてくださいね。

第2章まとめ
ピュアコミュニケーション

6つの伝え方ルール

Rule 1
絶対に責めない！

Rule 2
不満は感情とともに伝える
❶○○されて悲しかった＋❷今度から○○してくれたら嬉しいな

Rule 3
上手な「お願いのコツ」を学ぶ
❶○○してくれたら嬉しいな▼夫のアクション▼❷○○してくれて、嬉しいよ！

Rule 4
〝○○〟の中身は超具体的に

Rule 5
理由も一緒に伝える

Rule 6
夫のやる気を破壊する4つの〝ちゃん〟を知る
1 責めちゃん 2 察してちゃん 3 比較ちゃん 4 命令ちゃん

Part 3

夫がどんどん行動する神フレーズ集【家事・生活編】

――イライラはこう伝えて解決！そのまま使える文例・表現例が満載

いよいよ本章からは夫が思い通りに動いてくれるようになる具体的なフレーズをお伝えしていきますよ。まずは、家事・生活編です。クイズ形式で解説していきますね。

クイズ「こんな時、夫になんて言う？」

家事・生活編

さて！「6つの伝え方のルール」を使って、日常生活の中で実際に夫にイラついた場面で、どう伝えるのが一番効果的なのかクイズ形式で考えていきましょう。

枠の中に答えを書いたあと、答え合わせをしてください。といっても、状況や伝えたい内容により答えが変わるので、正解は1つではありません。基本ルールが守れていればOKです。良い例と悪い例をいくつか挙げてみますので、ご自身で考えた答えと照らし合わせてみてくださいね。

Quiz 1 脱いだ服をあちこちに脱ぎ散らかすガキ夫

脱ぎっぱなしのやりっぱなし…子供じゃないんだから！　と呆《あき》れてしまいますよね。

さて、どんなふうに伝えたら脱ぎっぱなしをやめてくれるでしょうか？　あなたが思う答えを枠の中に記入してみましょう。

では、早速答え合わせです。

×「片付けてよ！」
▶命令ちゃん

×「またパパ、脱ぎっぱなしだね」
▶察してちゃん

×「なんでぐちゃぐちゃのまま置いておくの？」
▶責めちゃん

×「脱いだ服はなるべく早めに片付けてくれたら嬉しいよ」

▶〝なるべく早めに〟とは、いつ？　すぐ？　1時間以内？　どこに片付けてほしい？　クローゼット？　洗濯カゴ？　具体性が足りません。

ルール3 お願い上手フレーズ を使う場合

○「服は脱いだらすぐにクローゼットにしまってくれたら嬉しいな」

ルール2 不満テンプレート を使う場合

○「脱いだ服が床に置きっぱなしだと部屋を綺麗に保てなくて困るから、すぐにクローゼットにしまってくれたら助かるよ」

ルール2 不満テンプレート ＋ ルール5 理由 を使う場合

○「家族みんなが安らげる家になるように部屋を常に綺麗にしておきたいから、脱いだ服はすぐにクローゼットにしまってくれたら嬉しいよ」

いかがでしょうか？　ルールに沿って考えられましたか？　正解は1つではありませんので、いくつか試して、ご主人の性格に合う言い方を見つけてみてくださいね。

Quiz 2 ゲームばかりする夫

夫婦問題の天敵である、ゲーム。そんなことしてる時間があるなら、子供と遊んであげてよっ！　と頭にきますよね。これも伝え方が肝心です。どう伝えたらゲームをやめてくれるでしょうか？　あなたの答えを記入してみましょう。

では、早速答え合わせをしてみましょう。

✕「スマホばっかり見ないで！」

▶命令ちゃん

×「こっちはこんなに忙しいのに、よくゲームばっかりしてられるね」

▶察してちゃん

×言葉では何も言わず、構ってくれない寂しさとイライラで夫に当たる。

▶まず、言葉で言わないと何も伝わりません!!

ルール3 お願い上手フレーズ を使う場合

○「夕飯の後の1時間は、ゲームをしないで子供と遊んでくれたら嬉しいな」

ルール2 不満テンプレート を使う場合

○「ゲームばかりされると家族に関心を持ってくれていないように感じて寂しいよ。子供が起きてる間と、私が話しかけた時は、ゲームをやめてくれたら嬉しいな」

ルール3 お願い上手フレーズ + ルール5 理由 を使う場合

○「私はみんながいつでも笑顔で帰ってきたくなる家を作りたいから、家族のコミュニケーションを大事にしたいと思っているんだ。だから、あなたがゲームばかりしていると、私と話したくないいんじゃないかと感じて寂しいよ。休みの日と、平日の夕飯後の１時間はゲームをしないで、私や子供と話す時間を作ってくれたら助かるよ」

Quiz 3 食べ終わった食器を放置する夫

食べたら食器を流しにも持っていかないし、出したマヨネーズも放置。本当にやめてほしいですよね！　夫が嫌な顔をせず自ら動いてくれる伝え方を考えてみましょう。

では、早速答え合わせをしてみましょう。

×「どうして自分で片付けてくれないの？」

▶責めちゃん

×「**普通さ、食べ終わったら自分で片付けるよね？**」

▶比較ちゃんです。「普通さ～」という言い方は、世間の一般常識と比べる比較ですよね。裏を返せば、あなたは普通じゃなくて異常なのよ！　と否定してしまうフレーズですので気をつけて！

×翌日の夕飯抜きの刑

▶夫は一体何が起こったのか理解できません。あなたが食器を片付けてほしいと思っているということを〝言葉〟にして伝えないと伝わりませんよ。

ルール2 不満テンプレート＋ルール5 理由を使う場合

○「**食べ終わった食器をそのままにされると、汚れが落ちにくくなって困るんだ。食べ終わったらすぐにシンクに持って行って水に浸けておいてくれると嬉しいよ**」

ルール2 不満テンプレートを使う場合

○「**食べ終わったら食器をシンクに運んで、水に浸けておいてくれたら助かるよ**」

ルール3 お願い上手フレーズ ＋ ルール5 理由 を使う場合

○「食器をすぐに水に浸けてくれると、汚れがすぐに落ちるから、洗い物の時間も短縮できてすごくラクなんだ。だから、食べ終わったらすぐにシンクに持って行って水に浸けておいてくれると嬉しいよ」

Quiz 4 言い方がキツい夫

夫の物の言い方、子供への叱り方ｅｔｃ…。言い方は癖なので、直らないと諦めていませんか？　諦めるのはまだ早いです。時間はかかるかもしれませんが、伝え方次第で、優しい言い方に変わる可能性はまだまだあります！

どんな伝え方をすれば夫が言い方に気をつけてくれるようになるでしょうか？

では、早速答え合わせをしてみましょう。

×「その言い方やめてよ！」

▶命令ちゃんですね。さらに、その言い方の〝その〟が、一体どの言葉を指しているのかまで伝えないと夫は理解できません。

×「もう少し言葉を選べないの？」

▶責めちゃんです。また、言葉を選んでと言われたところで、普段自分の言い方に問題があると感じていない夫は、どんな言葉を選べば良いのか分かりません。どんなトーンで、どんな言葉を使ってほしいかまで具体的に伝えましょう。

×「もっと普通に言ってくれればいいのに…」

▶察してちゃんですね。独り言のようにつぶやいても、夫は聞いていません。またこの〝普通〟が一体何を指しているのかも夫は理解できません。具体性が足りません。

ルール2 不満テンプレートを使う場合

○「〝俺が抱っこしてやるよ〟っていう言い方をされると、しょうがなく嫌々やるよ

って言っている感じがして、嫌な気持ちになる。〝抱っこするよ〟って優しく言ってくれたら嬉しいよ」

ルール2 不満テンプレート を使う場合

〇「〝ちゃんと捨てとけ〟って命令されると、大事にされていないように感じてすごく傷ついた。〝このゴミ捨ててくれる？〟って落ち着いて伝えてくれると嬉しいよ」

ルール2 不満テンプレート ＋ ルール5 理由 を使う場合

〇「私は、お互いを大事にし合える夫婦でいたいと思ってるよ。だから、何か伝える時も相手への配慮を忘れないようにしたいと思っているの。だから、今の〝あーはいはい〟っていう言い方は大事にされていないように感じてすごくイヤだった。今度からはひと言〝分かった〟って言ってくれたら嬉しいよ」

また、お願いした結果、ご主人が「分かった」と納得してくれた瞬間に「分かったって言ってくれて嬉しいよ！」と、喜びを表現することを忘れずに。そしてさらに、実際にご主人が望ましい言い方をしてくれた瞬間を見逃さないことが大切です。

Quiz 5

イラッとする発言やめて！　気遣いの言葉とかないの⁉

「今日の夕飯、ラクなものでいいよー」という夫の発言にイラっときた方もいらっしゃるのではないでしょうか。夫からしたら妻を気遣って言ったつもりなのですが、逆に妻のイライラの原因になっていることがよくあるように思います。

これは、夫の〝気遣い〟の定義と、妻の〝気遣い〟の定義にズレがあるからです。二人の感覚の違いをお互いが理解することが大切です。では、こんな時、一体どのように伝えたら、このズレをなくすことができるでしょうか？　あなたが考えた伝え方を左の枠に記入してみてください。

答え合わせをしてみましょう。

×「一番ラクなのは何も作らないこと‼（怒）」

▶夫としては妻への気遣いの気持ちを込めて言ったつもりが、妻を怒らせてしまった…一体なぜ⁉　なぜなんだ⁉　と、妻のイライラの意味を理解できません。怒られるなら、これからはもう気遣いの言葉なんてものは一切かけないほうが良いし、何も言葉を発しないほうがいいのか？　と結論づけてしまう夫もいます。

ルール2 不満テンプレート ＋ ルール5 理由 を使う場合

○「気遣ってくれてありがとう。だけどね、〝ラクなものでいい〟っていう言い方は正直傷ついた。料理をすること自体が時間も手間もかかるから、ラクなメニューなんていうのは存在しないの。それなのに、ラクなものでいいって言われると、私が毎日大変な思いをして料理をしてるのを軽く見られてるように感じちゃうんだ。だから、今度からは〝ママいつもご飯作ってくれてありがとう。少しでも早くママがゆっくりできるように、今日はパパがご飯作るよ〟って言ってくれたほうが100倍嬉しいな」

〝今度からは〟の先の波線の部分は、次のフレーズに置き換えることもできます。

〝今日はママにゆっくりしててほしいから、洗い物も出ないように外食しようか！〟って言ってくれたほうが、気遣いを感じてすごく助かるな〜

〝今日はもう遅くなっちゃったから、パパがスーパーでお惣菜買ってくるよ！〟って言ってくれたら嬉しいな

〝ママにあまり負担がかからないように、ママが思うラクなメニューでいいよ。俺も手伝うよ！〟って言ってくれたらパパの優しさをすごく感じて嬉しいな

夫がイラッとくる発言の代わりに、気遣いの言葉をかけてくれるようになるコツは

言葉で伝える。

これに尽きます！「もっと気遣いのひと言とかないの？」と言ったところで、夫は

ポカーンとしてしまいます。大抵考えても思いつかないので、結局面倒くさくなって何もしないという選択肢が世の夫たちにとって一番人気です（笑）。

男の本音

「妻に気遣いの言葉をかけようと夫はチャレンジします。しかしほとんどの場合、的外れな言葉（察せないので）。妻は怒る（私がほしいのは、そういう言葉じゃない！）。夫はヘコむ。夫はチャレンジしなくなり、結果黙り、何もしなくなります」

ということで、妻にとって一体何が気遣いの言葉なのかを**詳細に言葉にして夫に伝えてあげましょう**。こうすることで夫は初めて「こう言えば妻は喜んでくれるんだ」ということを理解できます。

ここで、じっくり考えていただきたいのが「夫にかけてほしい気遣いの言葉」です。そんなの考えても、うちの夫は変わらないしムリムリ～と諦めずに、本当はこんな言葉をかけてほしいなと思う言葉を、左の枠にリストアップしてみてください。自分の気持ちに素直になることは、良好な夫婦関係を保つために最も大切ですからね！

何も思い浮かばない！　という方のために、これまでの受講生から聞いた「夫に言われた、または言われたいフレーズリスト」をご紹介させていただきますね。

リストの中で、「あ、これいい♪」と心が少しでも動いたなら、それがあなたの素直な気持ちです。遠慮なくリストに加えてみてくださいね。


「ママは休んでていいよ」

「今日遅くなっちゃったしご飯作るの大変だろうから、なんか買ってこようか？」

「パパがお皿洗っておくからママはゆっくりしてて」

「ママのおかげで仕事頑張れるよ！」

「一緒にいると、成長できる。頑張れる」

「俺が子供見とくから、今日はママの好きな時間に帰ってきていいよ」

「こんな可愛い子供、産んでくれてありがとう」

「いつも子供たちのことを見ていてくれてありがとう」

「妊娠中も子供のことを大切に考えてくれてありがとう」

「何かしてほしいことある？　あれば何でも言ってね」

「○○ちゃんがご機嫌でいる時が俺にとって何より幸せ」

「（辛かった出来事を話した時）それは辛いよね。話して気持ちが晴れたなら嬉しいよ。○○ちゃんが辛そうだと俺も辛くなるから。もし何かあれば話してね」

「駅まで迎えに行こうか？」

「荷物持つよ」

「ママは自分がラクできることを考えてね」

「（髪型変えた時に）似合ってる！」

「結婚できて幸せだよ」

「○○と出会えてよかった」

「大好きだよ、愛してる」

「健康を気遣った食事をありがとう」

「帰りを待っててくれてありがとう」

「（私の好物のものを買ってきてくれて）ママが好きなもの買ってきたよ」

「無理しなくていいよ」

リストアップできましたか？

次のステップは、それを夫に伝えるということです。「そうは言っても、いつ伝えるの？」というお話ですよね。

普段、ご主人と本当の気持ちを自由に伝え合うことができているのであれば、71ページの伝え方のルール3を守って、「○○って言ってくれたら嬉しいな」と、どんどんお願いしてみましょう。

しかし、普段から本音を伝え合えていないのに、唐突に「ねぇねぇあなた、〝結婚してくれてありがとう〟って言ってくれたら嬉しいな」なんて言っても、夫は「何、急に!?」と、ビックリして、真剣に取り合ってもらえない可能性もありますよね。

やはり、何かきっかけがあった時に自然な流れで伝えるのが一番簡単です。その〝きっかけ〟とは、**夫がイラッとする発言をした時**です。

実は「イライラ」という感情を感じたらチャンスです！　イライラの裏には〝本当はこうしてほしいのに〟という**本音、理想、希望、願い**が隠れているからです。イライラは**本当の自分に気づかせてくれる貴重なメッセージ**だと思ってください。

こういった本音を伝えるからこそ、夫婦の絆と信頼関係がグッと深まり、より良い関係を築けるんですよ。イライラしたら、自分とつながり、相手とつながることができるチャンスです。

＊

ではここでおさらいです。「気遣いの言葉をかけてよ！」では夫に伝わりません。どんな気遣いの言葉をかけてほしいのか、**具体的なフレーズまで指定しちゃいましょう**。そのほうが夫からしたら非常にありがたいんですよ。妻を喜ばせる方法が明確に分かるのですから♡

男の本音

「言ってほしい言葉を妻から指定されたほうが助かります。だって絶対妻の地雷を踏まないし、喜んでくれるから♪」

Quiz 6

お金の話になると不機嫌になる夫

お金の話になると逃げ腰になる夫。妻としては家族の将来のことを思って切り出したのに「またその話?」と面倒くさそうにあしらわれてしまったり、「今話すなよ」とキレ気味に拒否されたり、挙げ句の果てには「全部任せるよ」と丸投げされたり…。

二人で向き合うべき問題なのに、夫がこのような態度では話し合いは一向に進みませんよね。実は、お金の問題は男性にとってとてもデリケートなので、**話の切り出し方**にコツがあります。

さて、どんなふうにお金の話を切り出したら、夫が前向きな気持ちで聞いてくれるでしょうか。あなたの回答を記入してみてください。

では、答え合わせをしてみましょう。

×「あなたの貯金の計画は一体どうなってるの？　せめて1年先までの計画くらい立てられるでしょ？」

▶完全なる〝責めちゃん〟ですね。夫からしたら「こんなこともできないのか？」と、お金の管理能力を全否定されているように感じ、拗《す》ねるかキレるかの反応になってしまう可能性が高いです。

×「今月、厳しいな…」

▶夫を傷つける言葉です。もちろん、それがリアルな妻の気持ちであり、夫へのSOSなのかもしれませんが、この言い方、裏を返せば「給与が少ないのよ！」「もっと稼いできなさいよ！」と言っているようなもので、夫のプライドは傷ついています。

×「やっぱり、パートしなきゃダメかな…」

▶察してちゃんですね。夫への配慮として控えめに伝えても、夫は何をどうして良いか分からず動けません。加えて、一つ前の例と同じく〝あなたの稼ぎが足りないのよ〟と責められているように聞こえてしまいます。

✕「生活費のことなんだけど、貯金もしたいし、どう思う?」

▶一見、健全な伝え方のように見えるかもしれませんが、それでもまだ夫への配慮が足りません。唐突に「生活費のことなんだけど…」と言われても心の準備ができていませんし、「どう思う?」と聞かれたところで夫は戸惑います。男性が常に知りたいのは「で、俺に何をしてほしいの?」という具体的なアクションだからです。

男性にとって給料の額=自分の存在価値である

給与の額は男性からすると**自分の能力そのもの**と考える傾向にあります。なので、稼ぎについてバカにされたり、責められるような言い方をされると、自分の能力や存在を否定されたように感じるのです。お金の話は男性にとって非常にデリケートだという認識を持っていてほしいのです。それだけで、伝え方を工夫しようとする心がけができるはずです。

これまでの受講生からも「夫が給与明細を見せてくれない」「将来のマネープランを相談したいのに話し合いに向き合ってくれない」などの相談がありました。お金の話に関する伝え方のポイントは全部で4つあります。それぞれ説明していきますね。

1 時間を作ってもらう

唐突に「生活費のことなんだけど…」と切り出すのではなく、「大事な話があるから今夜30分だけ時間をもらえるかな?」と、あらかじめ時間がほしいことを伝えておきましょう。そうすることで、夫は大事な話をするための心の準備ができます。

というのも、男性にとってお金の話はとてもエネルギーを要するものです。現在の給与額=自分の存在価値と真っ正面から向き合わなければいけないことになり、現状の自分に満足していない男性ほど、そこには不安やストレスが伴うこともあります。

なので、突然切り出すのではなく、あらかじめ時間を作ってもらうようにお願いしてください。

2 感謝を伝える

いきなり本題に入るのではなく、まずは日々の感謝の気持ちを伝えましょう。お金の話を持ち出された時点で男性は「もっと稼いできてよ！」と責められているように感じてしまう傾向にあるからです。

決して責めたいわけではなく、いつも夫が仕事を頑張ってくれていることに感謝しているということも、言葉にしないと1％も伝わりません。なので、ぜひ話し合いのスタートは感謝の言葉から始めてみてください。そうすることで、夫も妻が決して自分を責めたいわけではないことを理解し、前向きにリラックスして話し合いに臨みやすくなります。

3 夫にしてほしい具体的なアクションを伝える

生活費が厳しい…と現状を訴えるだけだと、夫はストレスを感じます。一番のストレスは「で、俺に一体何をしてほしいのか」という具体的なアクションが見えないため、身動きが取れないことです。交通渋滞にハマって動けない時のイライラと同じようなものです。

男性は、問題解決のために考え、行動し、妻の助けになりたい生き物。夫がスムーズに行動できるように、してほしい具体的な行動を明確に伝えてください。

4 期限を伝える

もし、お金に関する問題で夫に頼みごとをするのであれば、「いつまでにしてほしい」という期限も一緒に伝えることをお勧めします。基本的に、人は期限がないと行動しない生き物ですし、お金という面倒な問題であればなおさらです。

特に、男性はゴールがあるとモチベーションが上がりやすい生き物ですし、その日までにタスクを完了させれば妻の役に立てると確信すればやる気もさらに上がります。「○月○日までにほしい」←ここまで具体的に伝えてみてください。

以上の4つの伝え方のポイントを踏まえて、実際にどのように伝えるのがベストなのか、例を2つ挙げてみますね。

例1

STEP 1【事前に夫とアポを取る】

○「今夜、大事な話がしたいから、夕飯の後に30分くらい時間を作ってくれたら嬉しいな」

STEP 2【本番】ルール3 不満テンプレート＋ルール5 理由 を使う場合

○「いつも家族のためにお仕事を頑張ってくれてありがとう。パパのおかげで子供たちも習い事に通うことができたり、お出かけに行けたり、とても感謝してるよ。今日パパに時間を作ってもらったのはね、これから先も家族みんなが安心して生活していくために、お金の面で計画を立てたいと思ったからなんだ。子供たちもこれからどんどん大きくなって、お金がかかることも増えてくるじゃない？　だから、毎月３万～5万は貯金したいと思っているのと、我が家のお金の出入りを正確に把握して、家計をしっかりと管理したいと思ってるんだ。だから、パパの月々のお給料の額と過去２年間のボーナス支給額の最低金額を教えてもらいたいんだ。できれば、来週の水曜日、○月○日までに教えてもらえたら助かるんだけど、どうかな？」

例2

STEP 1【事前に夫とアポを取る】

○「我が家の家計のことであなたと話がしたいから、今週のどこかで30分くらい時間を作ってもらえると嬉しいな。いつなら大丈夫そう？」

▶ご主人のスケジュールとのすり合わせを行うためのフレーズです。

STEP 2【本番】 ルール3 不満テンプレート ＋ ルール5 理由 を使う場合

○「今日は時間を作ってくれて嬉しいよ。それから、いつもあなたが仕事を頑張ってくれるおかげで、家族みんなが元気に暮らせていること、すごく感謝してるよ。ありがとう。今日時間を作ってもらったのはね、我が家の家計について相談したいことがあったの。今あなたから毎月生活費を20万円もらってやりくりしているんだけど、正直それだと足りなくて、毎月3万ほど私の貯金を切り崩して生活してる状態なんだ。そこでお願いなんだけど、毎月の生活費をあと3万円増やしてもらえるとすごく助かるんだけど、どうかな？　もちろん、私も出費が少なくなるように努力するよ」

以上、お金の話の切り出し方の例をご紹介させていただきました。

伝え方を工夫した受講生からは、「これまで話し合いが全く先に進まず、すっかり行動力がしぼんでしまっていた主人が、どんどん行動してくれるようになり、ほんとうに驚きました」というご報告を何度もいただいているんです。ぜひ、皆さんの状況に合わせてオリジナルのフレーズを考えてみてくださいね。

＊

さて、ここまで日常でよくある夫への不満を感じた時の具体的な伝え方をお伝えしてきました。ですが、ただただ伝えるだけでは足りません！

ご主人が脱いだ服をすぐにしまってくれたら、
ゲームをやめてくれたら、
食べ終わった食器を自ら運んでくれたら、
言い方を改めてくれたら、
お金の話と真剣に向き合ってくれたら…

必ず「嬉しい！」という気持ちを伝えてください！

ただし、何が嬉しかったのかを**具体的に言葉にして**伝えてくださいね。


「脱いだ服をすぐに片付けてくれて嬉しい！」

「ゲームをしないで子供と遊んでくれて嬉しい！」

「食器を片付けてくれてお水に浸けてくれて助かる！」

「優しい言い方で言ってくれて嬉しかった！」

「家計のことを一緒に考えてくれて嬉しいよ！」


具体的に伝えることで、夫は**妻の喜びポイント**を知ることができます。すると、またそれをすることで妻を喜ばせてあげよう！　という気持ちになります。

夫が行動してくれた**〝あと〟**のリアクションが、今後の行方を左右します。

実際にご主人が望ましいことをしてくれた瞬間を見逃さないでください。その瞬間、必ず「今、◯◯してくれて嬉しかったよ！」「優しい言い方で言ってくれて嬉しい！」と伝えてください。妻が自分の行いを**ちゃんと見ていてくれて**、改善したことにも**ちゃんと気づいてくれて**、喜んでくれるということが、夫のやる気UPに直結します。

あなたの喜びの大きさ＝夫のモチベーションの大きさ

と覚えておいてくださいね。これが、お願いしなくても自ら家事を手伝ってくれる夫に育て上げるための究極の夫教育術です。

男の本音

「この場合、リアクションにやり過ぎはありません。夫のモチベーションは目に見えて分かるほど上がります（キッパリ）」

Part 4

嫌な顔せず自主的に協力してくれる神フレーズ集【育児編】

――育児から逃げる夫をうま～く操縦せよ！

夫にもっと育児を手伝ってほしいというのは、家事と同じかそれ以上に世の妻たちが願っていることですよね。どうしたら夫が手伝ってくれるようになるのか、その具体策をお伝えする前に、そのヒントとなる背景を少しお話しさせてくださいね。

夫が「一番手がかかる大きな子供」なのは、生物学的な理由があった！

子供が生まれる前はラブラブだったのに、産後は夫へのイライラが増えたという方も多いのではないでしょうか。

そのイライラの原因の一つに「夫が子供みたいでマジでムカつく」と妻の溜まりに溜まった怒りがあるのだと思います。何が子供みたいかって…やったらやりっぱなし。言わないと気づかない。言わないとやってくれないｅｔｃ…もう挙げたらキリがないですよね！

私はよく受講生にこうお伝えしています。

と。

男の人は赤ちゃんだと思って接したほうがうまくいく!

全ての男性に当てはまるわけではありませんが、とにかく男性っていつまで経っても赤ちゃんみたいで幼いじゃないですか。褒められたらニコニコして喜んで、叱られたらすぐ拗《す》ねる(笑)。も~どうしようもないですよね。

実は、これには、生物学的な理由がちゃんとあります。男女で遺伝子が違うんです。生物学の授業で習ったことを思い出してほしいのですが、「XY」の性染色体のペアで男性に、「XX」の組み合わせで女性になりますよね。

驚くべきことに、男性の性別を決定づけるY染色体には、ごくわずかの遺伝子情報しか含まれておらず、**Y染色体がなくても生命は維持できる**ということがこれまでの研究で分かっています。さらに、興味深いことにY染色体はX染色体よりも小さく、そのサイズはXの半分以下です（参考文献※5）。また、様々な議論がありますがY染色体は年々退化しているという説もあります（参考文献※6）。

男性と言えば、〝強くて力持ちで辛抱強い〟というイメージがありますが、遺伝子の中を覗いてみるとそのイメージとはかけ離れています。

これらの遺伝子についての研究結果をどう解釈するかは個人の自由ですが、私の解釈はというと、こうです。

「男性は育てて伸ばす生き物」ということ。

いつまで経ってもかまってちゃんで赤ちゃんみたいなオトコという謎の生き物。今は使えないとしても（男性陣のみなさん、ゴメンナサイ！）、その内側に眠るポテンシャルを最大限に開花させてあげるには、女性のサポートが必要です。

育てるとか面倒くさい！　と思っている方もいらっしゃるかもしれませんね。

確かに面倒な時もありますよ（言わないと全然伝わらないし！）。だけど、その過程を乗り越えることで、「この人と結婚できて本当に良かった」「パパがいてくれて良かった」というあたたかい気持ちで満たされる夫婦関係・家族を築けると思ったら、その過程を経験する価値は十分にあると思います。

私は、夫を育てるという面倒くさい過程が楽しいですし、その過程の中で経験する心や言葉のキャッチボールこそが人生に深い喜びをもたらしてくれるという価値観を持った人間です。お互いに支えて支えられてを繰り返す中で、夫から受け取る大きな愛情は他の何にも代えられない喜びであると感じています。

夫を育てるのは面倒ではなく、ちょっとコツを掴《つか》めばとても楽しい経験です。

今の時代、生き方は千差万別で結婚や夫婦の在り方に関しても様々な価値観があります。ですので、ここまで読んで「ちょっと私には合わないな…」という方は、どうぞここで本書を閉じていただいて構いません。

一方で、楽しみながら夫を上手に育てる方法を知りたいという方にはとっておきのお役立ち情報がこの先にもどんどん出てきますので、どうぞ読み進めてみてくださいね。

専業主婦なのに、「夫に家事・育児を手伝ってほしい」はワガママ!?

夫に育児を手伝ってもらうための具体的な方法をお伝えする前に、もう一つお伝えしておきたいことがあります。

もしあなたが専業主婦で、「専業主婦なのに夫に家事・育児を手伝ってもらおうなんて、求めすぎではないでしょうか…?」と思っていらっしゃるとしたら、ぜひこれからお話しすることをよく聞いてほしいのです。

夫婦の在り方に〝正解〟はなく、様々な生き方や考え方があります。ですから、専業主婦だから家事・育児を夫にも手伝ってほしいなんて思ってはいけないという考え方には疑問を感じます。

大事なのは、**あなたはどんな夫婦でありたいか?**ということ。日本人は和を大切にする風潮があるので、みんなに認められるたった一つの〝正解〟を探し求めてしまいがちです。ですが、正解はありません。人の数だけ正解があります。

ではここで、1つ質問させてください。

質問 —— Question ——

あなたは夫婦で育児家事をどのように分担したいと思っていますか？

考えたこともなかったという方もいらっしゃるかもしれませんね。

あなたの考えがたとえ世間の大多数の意見とは真反対だとしても、**それはワガママではありません。**家族みんなが笑顔で過ごせる家庭を築きたいと考えているのであれば、どのような夫婦・家族でありたいのかを明確にすることは何よりも大切なことですし、全てはそこから始まります。

ここで、私の個人的な意見を書かせていただくとすると、夫婦の家事分担問題に関して一番大切なのは、「お互いが心地よく過ごせること」だと思っています。

だからこそ、「専業主婦だから家事・育児は全部妻がやって当たり前」という個人の〝当たり前〟を全員に押し付けるのは違うと思いますし、「今の時代、夫が家事・育児を手伝うのが普通でしょ！」と、個人的な〝普通〟を世の中の全ての夫に押し付けるのもしっくりきません。

外に出て仕事をしている夫は、大変な思いをしています。本人にしか分からない精神的な苦労、肉体的な苦労があるはずです。

一方で、専業主婦はラクなのかと言えば全然ラクじゃないですよね。掃除や洗濯、料理に休みはないですし、赤ちゃんの夜泣きで何度も夜中に起きなければいけない時期のママ達は、３６５日24時間心休まる時がありません。

幼児期になっても、朝から晩まで子供と一緒にいる専業主婦の方は（育休中のママもですが）、子供と遊ぶだけでも怪我をしないように気を張っているわけで、フーッと一息つける時間なんてないですよね。もう少し大きくなったらなったで学校のＰＴ

A活動やお友達とのトラブルなどに向き合うのはお母さんがメインになりがちです。

真面目で頑張り屋なお母さんほど精神的に極限状態まで追い詰められて、産後うつ・虐待・母子心中などの悲しい事件が起こることもあります。

夫も妻もそれぞれが置かれた状況で大変な思いをして頑張っています。そんななか、お互いが心地よく過ごしていくために、夫婦で協力できることは何か？　を考えることが、**家事・育児分担の本質**だと考えます。

「比較的家事が好きで、苦にならない」と考えている方にとっては、あえて夫と家事・育児を分担せずに全て自分でこなすほうが、お互いが心地よく生活していくためのベストな方法かもしれませんよね。

一方で、専業主婦だとしても「体力的にキツいから、少しでも家事・育児を手伝ってほしい」「全部一人で抱え込んで精神的にいっぱいいっぱいになって、家族にイライラしちゃうのを防ぎたいから、夫に協力してもらえたら助かる」のであれば、それがあなたの幸せの軸であり、大切な価値観です。

ただし、「世間が育メン家事メンブームだから、あなたもやってよ！」という理由であれば、ちょっと考え直す必要があります。それって結局、夫の気持ちを無視して無理やり世間に合わせようとする考え方ですよね。

世間体とご主人を天秤にかけて、世間体のほうが大事だというのであれば、もちろん夫は納得しませんし、不思議なことにそういった魂胆があると、言葉にしなくても通じてしまい、へそを曲げてしまう可能性があります。

あなたの考えや世間の価値観をただ夫に押し付けるだけだと、相手への配慮があまりにも無さ過ぎます。ポイントは、「私はこう思ってるんだけど、あなたはどう思う？できる？」と、自分の考えを伝え、お互いの価値観を尊重し、歩み寄ることです。

その上で、お互いが納得できる**中間地点**を見つけましょう。これが夫婦で歩み寄るということです。

どちらか一方だけ良い思いをして、どちらか一方が我慢するという関係は、ヘルシーな関係ではありません。相手が困っていたら、味方になって助けるよという「I'm here for you」のスタンスがなければ、幸せな結婚生活も家族関係も実現できません。

ということで、ここまで長々と綴《つづ》ってきましたが、専業主事だからといって夫に求めてはいけないなんてことはございません！　男性にとって女性を喜ばせることは生き甲斐ですから。

ただし、第2章でご紹介したように、お願いの仕方にはコツがあります。ここからは、「夫が自ら育児を手伝ってくれるようになる超具体的な伝え方のコツ」をご紹介していきます。第2章**「ピュアコミュニケーション6つのルール」**と併せてご覧くださいね。

〝もっと協力して〟が夫を苦しめる

「もっともっと子育てに協力的になってほしい！」

「もっと手伝って！」

そう願っている方が多いのではないでしょうか。ですが、この〝もっと〟〝協力して〟という言葉が逆に夫のモチベーションを削ぎ落とし、夫を苦しめる原因になっているということに気づいていただきたいのです。

どういうことかと言うと、

〝もっと〟って、どれくらい？
〝協力して〟って、何を？

その通りです。夫は察することができませんでしたよね。ですので、もっと手伝ってほしいと言われたところですんなり動けません。

男の本音

「不思議に思われるかもしれませんが、妻から『もっと手伝って、もっと協力して』と伝えられても夫は身体が動かないんですよね。夫の身体がスムーズに動いていないなら、それは夫に伝わっていないサインです。ダイレクトにしてほしい行動だけ教えてください」

受講生の中でもこのお悩みが非常に多いのですが、私が一度「〝もっと〟というのは何をどれくらいやってほしいですか？」と聞くと、黙って考え込んでしまう方が非常に多いです。これが問題です。

もっと手伝ってほしい！　もっと協力的になってほしいと思いながら、**妻自身が夫に何を求めているのかを把握していないんです**。これでは夫が動いてくれるわけがありません。あなたが分からなければ、夫もそりゃ分かりませんよね。

何をお願いしたいのかということを、①一旦整理して、②その上で伝えること。この2ステップこそがコミュニケーション上手な人たちが無意識に行っていることです。

さて、「もっと子育てに協力してほしい」の〝もっと〟とは、具体的にどういうことですか？

ご主人が何をしてくれたら「育児に協力的になってくれた」と言い切れますか？

次のページにこれらを掘り下げていくためのワークシートを用意しました。お手本を参考にして、記入してみてください。夫をうまく操縦できるようになる第一歩ですよ！

〈お手本〉

頼みたいこと	いつ？	頻度	具体的なアクション
オムツ替え	・気づいた時 ・お願いした時	・保育園がある日は毎日（仕事で早く出なきゃいけない日を除く）	オムツを換える 使用済みオムツは、ビニールに入れてしっかり結んでオムツ入れに捨てる
泣いたら抱っこ	・子供が泣いたりぐずったりした時 ・お願いした時		泣き止まなくてもいいから抱き上げて、子供の目を見て「どうしたの？」とか「大丈夫だよ」と声かけをする
子供と遊ぶ	・休日家にいる時	・休日家にいる時はいつも／2時間くらい	子供を膝に座らせてDVDを見る／積み木で高いタワーを作る／公園に行く／高い高いやお馬さんごっこなどの身体遊び
気遣いの一言を言ってほしい	・会社から帰ってきたあと ・寝る前	・毎日	頭をポンポンってしながら「今日も一日子供たちの世話ありがとう」と言ってほしい／寝る前に「ママおやすみ。ゆっくり休んでね」と言ってほしい
子供を起こす	・朝	・毎日	起こしてリビングに連れてきて、いつでも朝ごはんが食べられる状態にしてほしい
子供との会話	・平日朝もしくは夜子供が起きてたら／休日子供と一緒にいる時	・1日30分以上を心がけてほしい	長男には「学校どうだった？」「今日給食何食べたの？」「次の休みは何したい？」など。長女はまだ話せないけど「ただいま」「今日はママと何して遊んでたの？」「かわいいね」と話しかけたり、歌を歌ってあげてほしい

保育園の準備	・朝	・保育園がある日は毎日（仕事で早く出なきゃいけない日を除く）	タオル、着替え、オムツ10枚、スタイ、お食事エプロン、口拭きタオルを保育園バックに入れて、いつでも出発OKな状態にしてほしい
子供の食事を手伝う	・休日家にいる時のランチと夕飯時	・毎週土日	子供が食べるのを見守って、自分で口に運ばないものは食べさせてあげてほしい。食べない野菜はご飯に混ぜてあげる。食べ終わったら食器をキッチンまで運ぶ。テーブルの上を布巾で拭く。床に落ちた食べカスは綺麗に拭きとって除菌スプレーを最後に吹きかけてほしい
子供の宿題を見る	・平日の夜できる時 ・お願いした時	・お願いした時はいつも ・宿題が終わるまで	子供に今日の宿題は何ページか確認して、全部終わるまで見守ってあげてほしい。子供が解けない問題は、ヒントを出してあげたり、教えてあげたりして、自分で解けるようにサポートしてあげてほしい。子供がヘルプを求めたら教えてあげてほしい
PTA活動に参加	・お願いした時	・お願いした時はいつも	学級新聞や報告書の作成、運動会の準備を手伝ってほしい／私の代わりに役員をやってほしい
子供が熱を出した時のケア	・子供が熱を出して幼稚園を休んだ時	・なるべく父&母で交互に休む	会社を休んで病院に連れて行き、その後家で看病してあげてほしい
保育園のお迎え	・お願いした時（子供が熱を出して保育園から呼ばれた時も含む）	・お願いした時はいつも	お迎えと、先生からその日の子供の様子を聞いて、あとで私に伝えてほしい

頼みたいこと	いつ？	頻度	具体的なアクション

表を埋めることができましたか？　４歳の子供にも理解できるくらい**具体的に簡潔に**書くことがポイントですよ。

まずはご自身の頭の中を整理して、「何をしてくれたら〝もっと手伝ってくれた〟と言い切れるのか」「何をしてくれたら〝協力してくれた〟と言い切れるのか」を明確に言語化することが大切です。ここまで整理できて、初めて夫に伝える準備が整いました！

ここからはまたクイズ形式で、日常の〝育児手伝わない夫あるある〟を通して、どのように伝えたら夫が自主的に子育てに協力してくれるのかをお伝えしていきますね。

クイズ「こんな時、夫になんて言う？」

育児編

今回も状況や伝えたい内容により答えが変わるので、正解は１つではありません。基本ルールが守れていればＯＫです。良い例と悪い例をいくつか挙げてみますので、ご自身で考えた答えと照らし合わせてみてくださいね。

Quiz 1 子供が泣いてるのに放置する夫

子供が体いっぱいにギャン泣きしているのに、夫はテレビに夢中。「泣いてるの聞こえないの？　よく何もしないでいられるよね！」と言いたくなる気持ちは分かりますが…ここはまず深呼吸！　どんなふうに伝えたら夫が嫌な顔をしないで抱っこしてくれるか考えてみましょう。まずはあなたの答えを枠の中に記入してみてください。

では、早速答え合わせをしてみましょう。

×「泣いてるじゃん！　抱っこしてよ！」

▶命令ちゃん

✕「普通泣いてたら抱っこするよね⁉（怒）」

▶比較ちゃん

✕「なんで抱っこしてくれないの？」

▶責めちゃん

✕「ねぇ、あやして」

▶〝あやす〟って、具体的に何をしたら良いでしょう？　妻にとっての〝あやす〟とは、抱き上げて「よしよし～どうしたの～？　大丈夫だよ」と、優しく声をかけてあげることかもしれません。ですが、夫にとっての**〝あやす〟の定義**が妻と一緒だとは限りません。

中には**ただただ赤ちゃんを眺めること＝あやす**だと思っている夫もいるかもしれません。ギャン泣きする赤ちゃんを、テレビを見ながらただ膝にのせることが〝あやす〟だと思っている夫もいます。

してほしいアクションを1から説明するような感覚で丁寧に伝えてみてください。

たとえるなら、組み立て式の家具を買った時に付いてくる説明書です。説明書に「真ん中のあたりに中くらいのパーツをガッツリ留めてください」なんて書いてあったら、あまりにも大雑把すぎて組み立てられないですよね？

「パーツ①をAの穴にはめ込み、Dのネジで留めます」と書いてあったとしたらどうでしょう？　非常に具体的に説明してくれているので、分かりやすいですし、すぐに組み立て作業に取りかかれますよね。

この感覚で、夫にもしてほしいアクションを具体的に伝えることがポイントです。

妻の〝あやす〟と夫の〝あやす〟の定義をすり合わせることが大切です。

以上を踏まえて、〝私ならこう伝える〟というフレーズをお手本として載せておきますね◀

ルール3 お願い上手フレーズ ＋「泣き止ませないといけない」と考えているパパへの配慮の言葉を付け加えた場合

○「○○ちゃんが泣いてる時は、抱っこしてあげて『大丈夫だよ～。パパここにいるよ～』とか『どうしたの？　お腹空いたのかな？』って話しかけてくれたらとっても助かるよ。もし泣き止んだらベッドにまた置いてあげてもいいよ。だけど、また泣いたら抱っこしてほしいんだ。泣き止まなかったとしても、パパが抱っこしてくれるだけで育児に協力してくれると思えてすごく心強いし嬉しいよ」

ルール2 不満テンプレート ＋ ルール3 お願い上手フレーズ を使う場合

○「○○ちゃんが泣いてるのにパパがずっとスマホしてると、○○ちゃんへの愛情がないんじゃないかと思ってしまって悲しい気持ちになるよ。今度からは○○ちゃんが泣いたらすぐに抱っこしてあげて『パパがいるから大丈夫だよ』って優しく声をかけてあげてくれると嬉しいな」

※後半部分に次のようなパパへの気遣いの言葉を追加するのも素敵ですね。

「もし泣き止まなかったとしても全然大丈夫だし、私は泣き止ませることを求めてな

いよ。パパが○○ちゃんと触れ合ったり、コミュニケーションをしてくれてるだけですごく助かるんだよ」

いかがでしょうか?

「こんなに細かく伝えなきゃいけないの!?」と途方にくれてしまった方もいらっしゃるかもしれませんね。でも大丈夫です。伝えるたびに慣れていきますし、何よりも細かく伝えることで夫の行動に変化が見られるとそれが楽しくなってきて、丁寧に伝えることが当たり前になってきますよ。

Quiz 2 美容院に行きたい! リフレッシュしたい! 自分の時間がほしい!

育児は24時間の拘束。休みなし。ママの心が限界を迎えてポキっと折れてしまう前に、息抜きできる時間を作ることが絶対的に必要です。

それなのに、「この日遊びに行きたい」と夫に言ってみても「その日はちょっと…」という反応。「私はあなたの帰りが遅くても飲み会があっても文句も言わずに育児してるのに、私は遊びにも行かせてもらえないの!?」とブチギレたくなりますよね。

まずは、どんなふうに伝えたら快く「いってらっしゃい」と言ってくれるのか、あなたが考える答えを左の枠の中に書いてみてください。

では、早速答え合わせをしてみましょう。

×「あなたは自由でいいよね!」

▶察してちゃん

×「私だって自分の時間がほしい」

▶具体性が足りないので、夫は一体何を求められているのか理解できません。何ができたら〝自分の時間が持てた〟と言えるでしょう。そこまで具体的にして、夫に求めるアクションを言葉にしてみましょう。

ルール3 お願い上手フレーズ を使う場合

○「○月○日の夜、同窓会があって行ってきたいと思うんだ。だから、夜の6時くらいから9時まで○○ちゃんを見ててくれると嬉しいな」

ルール3 お願い上手フレーズ ＋ ルール5 理由 を使う場合

○「最近育児でいっぱいいっぱいになっちゃって、ちょっともうメンタル的に限界を感じてるんだ。あなたや子供にイライラしたくないから、今度の日曜日の朝9時ごろからお昼まで一人の時間がほしい。その間、○○ちゃんを見ててくれたらすごく助かるな。あなたの予定はどう？」

「これで夫がすんなりOKしてくれたらこんなに困ってないよ！」という方もいらっしゃると思います。そんな方のために、夫が快くOKしてくれなかった場合にこんな風に伝え直すといいよ！　という例をご紹介しますね。

ルール2 不満テンプレート ＋ ルール5 理由 を使う場合

妻「美容院行きたいから、子供見ててくれるかな？」
夫「この前行ったんだから、そんなにしょっちゅう行かなくてもいいじゃん」
妻「あのね、子育てをしてると自由な時間が持てないしフーッと一息つく暇もなくて、このままだと精神的にいっぱいいっぱいになっちゃってあなたや子供の前で笑顔でいられなくなりそうなの。だから、リフレッシュする時間がほしかったのに美容院ダメって言われて傷ついた。あなたや子供たちが気持ちよく過ごせる家庭を築いていくためにも、月１回午前中は美容院でリフレッシュできる時間をくれたらすごく嬉しい」

＊

ここまで丁寧に伝えても首を縦に振ってくれないとしたら、二人が考える夫婦の在り方について根本的な話し合いをする必要があります。１４９ページの、「それでも夫が変わってくれない時は」をご覧くださいね。

Quiz 3
子供の習い事に非協力的すぎる夫

地域のサッカーチームに所属しているお子さんがいる場合、週に数回は練習の送り迎えがあり土日は試合などで丸一日時間を取られて、もうヘトヘトですよね。夫にも少しは協力してほしいと伝えても「今は仕事が忙しいんだからできるわけないだろ」の一点張り…。

こんな時、どうしたら夫が協力的になってくれるでしょう？　あなたの答えは？

では、早速答え合わせをしてみましょう。

×「他のお父さんたちは毎週大会を手伝ってくれるのに、なんであなたは全然協力してくれないの？」

▶〝比較ちゃん〟と〝責めちゃん〟のダブルパンチで、夫の地雷を思い切り踏んでしまうことになります。

×「みんな手伝ってるんだから、うちも手伝いにいかなきゃいけないの」

▶〝みんながやっているからあなたもやって〟という言い方は、男性を最もイラっとさせる言い回しです。夫からしたら「じゃあ俺の予定はどうでもいいわけ？」と理不尽に感じてしまいます。

ルール3 お願い上手フレーズ を使う場合

○「来週の日曜日、サッカーの試合があるんだけど、その日パパ仕事だったよね？もしできたら試合が終わった後のテントの片付けを手伝ってもらえると嬉しいんだけど、どう？　試合が終わるのはだいたい４時くらいで、片付けは30分あれば終わるよ。パパの都合を教えてもらえると嬉しいな」

ただただ協力してとざっくり伝えるのではなく、その内容や所要時間まで具体的に伝えてあげることで夫もイメージが湧き、それならできる！　という気持ちになりやすいです。男性は見通しが立たないことが大嫌いなんですよね。

ルール2 不満テンプレートを使う場合

○「これまで何度もサッカーの送り迎えのお願いをしてるのに、その度に仕事を理由に断られて、あなたが子育てに協力する気持ちがないんじゃないかと感じて辛い。あなたの仕事の負担にならない程度に、月1回帰りのお迎えだけでもいいから手伝ってくれたら嬉しいよ」

（夫が了承してくれたら、どれくらい前に大会の日程を伝えれば良いかまでしっかりと確認しておきましょう。親しき仲にも礼儀あり。相手の貴重な時間への配慮の気持ちが大切です）

Quiz 4 子供の教育方針が夫と合わない

反抗期真っ盛りの中学生の息子。勉強するように息子に注意するたびにケンカになり、夫に相談すると「息子に干渉しすぎだ」「お前の理想を押し付けるな」と、私の気持ちを全然分かってくれず、夫ともケンカになってしまう。親として子供の将来を心配するのは当たり前のことだと思うのに…。

こんな時、どうしたら夫婦で協力して子供の問題に向き合えるでしょうか？

まずは、あなたの答えを左の枠の中に記入してみてください。

では、早速答え合わせをしてみましょう。

×「何でそんなこと言われなきゃいけないの!?　親として息子の良くない行動を注意するのは当然でしょ!?」

▶〝責めちゃん〟ですね。これでは事あるごとに同じ口論を繰り返してしまうだけで、夫婦がチームになって子供に一貫した姿勢で向き合うことができません。

ルール2 不満テンプレートを使う場合

○「干渉しすぎだって言われて、私が今までやってきた子育てを全否定されてるみたいで傷ついた。今度からは〝そっか、それは困ったね〟って一旦私の気持ちを受け止めてくれると嬉しいよ」

ルール2 不満テンプレート＋夫婦会議の提案を付け足す場合

○「息子の将来を考えて注意してるのに〝お前の理想を押し付けるな〟って言われて、私の気持ちを無視されてるように感じて悲しくなった。あなたも私も息子に将来幸せになってほしいという気持ちは同じだと思うんだ。これから同じようなことでケンカしないように、一度二人で子供の教育方針について話し合いができたら嬉しいな」

子供の教育方針をすり合わせるのは5分や10分で終わるものではありません。30分は夫婦二人だけの時間を作り、子供との向き合い方に対する考え方をシェアしてみましょう。100％一致しなくても、できる限り歩み寄り、二人の中間地点を見つけてみてください。

なぜ夫は的外れなアドバイスをしてくるのか？

多くの場合、夫になにか相談したときに妻が夫に求めてることって、「ねぎらいの言葉」ではないでしょうか？

たとえば、「それは困っちゃうね」とか「大変だね。ママの気持ち、分かる」などと言ってくれたらパーフェクトですよね。

そんな妻の心の中の叫びを知らない夫は、**ドヤ顔で解決策をアドバイスしてくる**わけです。なぜなら、それこそ妻が求めていることだと**大きな勘違い**をしているからです。

これには人間の進化の歴史が大きく関係しています。男性は昔、狩りをしたり、テリトリーを獲得するために戦っていました。つまり、目標を定めてそれを達成するための行動だったり、何か問題が起こった時に素早く解決策を考え、決断し、行動を起こすという能力が強化されていきました。

ですので、妻が何か悩んでいるのであれば、**夫の役割はその悩みを素早く解決するためのベストなアドバイスをすること！**と本気で思っています。夫からしたら、アドバイスをしてあげることは妻への愛情表現なんですよね。

一方で、子育てという役割を担っていた女性は、「お腹空いたのかな？　暑いのかな？　それとも眠いのかな？」と、泣いている赤ちゃんの気持ちを察したり、こんな時どうしてあげたらいいかな？　どんな言葉をかけてあげたらいいかな？と考えて、

「お腹空いたよね～」
「ママが見えなくて怖くなっちゃったよね～」
「よしよし。大丈夫だよ～」

と、気持ちに寄り添い、共感する能力が強化されていきました。そうでないと赤ちゃんが死んでしまいますからね。

ということで、ちょっと復習です。男性は、これまでの進化の歴史の中で**問題解決能力**が、一方、女性は**察する力や共感する力**が強化されていきました。まさにこの違いが妻と夫の感覚の〝ズレ〟を生んでしまっている犯人です。

それでも夫が変わってくれない時は…

お話ししてきた伝え方のルールを使っても夫が変わってくれないとしたら、妻側の心構えに改善の余地がある可能性があります。第6章で詳しくお話ししているので、ご覧くださいね。それでも夫に変化が見られない場合の原因はおそらくこれです◀

妻と夫が同じ方向を向いていない

具体的にお伝えすると、「どんな夫婦でありたいか」「どんな家族でありたいか」などの理想の夫婦像にズレがある、またはそれを共有し合えていないことが原因です。つまり、根本的なところですれ違いが生じてしまっているのです。

例えるなら、妻は北海道に向かっていて、夫は沖縄に向かっているような状態です。お互いに背を向け合って違う方向に進んでいる状態なので、心が通い合うことがなく、すれ違いが生じてしまっています。こうなってしまうと、夫婦で根本的な価値観を話し合う必要があります。
そんな状態からでも夫婦関係を改善することに成功した受講生が何人もいるので、大丈夫ですよ。今からお伝えすることを実践してみてください。

1 あなたがどんな夫婦でありたいかを明確にする

ご自身が考える理想の夫婦のあり方、家族のあり方について、根本的な価値観を考えてみてください。同時に、「こんな夫婦関係は嫌」「こんな家族関係は理想ではない」ということについても考えてみてください。こうすることで、理想像がさらに明確になっていきますし、夫にも伝わりやすくなります。

また、その理想を叶えるために夫にお願いしたいことを最大3つ考えてみましょう（4つ以上伝えて夫がキャパオーバーになってしまうのを防ぐためです）。

こういった根本的な価値観を掘り下げていくことは3分で思いつくほど簡単なことではないので、ぜひご自身とじっくり向き合う時間を作ってみてください。

2 夫に伝える内容をノートに書き留めておく

1で考えた**理想の夫婦像＋それを叶えるために夫にお願いしたいこと3つ**をノートに書き留めておくことをお勧めします。これは、夫を目の前にすると、つい伝えるべきことや伝える順序を忘れてしまい、本書でお伝えしたピュアコミュニケーションをど忘れしてしまうことを防ぐためです。言葉の選び方や伝える順番によっては、言いたいことが全く伝わらないで話し合いが終わってしまう可能性もあります。

また、ノートを見ることで頭の中を整理することができて、冷静に伝えられるという効果もありますので、初めのうちは、やはり見ながら伝えるのが個人的にオススメです。

「ノートを見なくても暗記できるし、冷静に伝えられる自信がある！」という方は、このステップは不要です。ちなみに、これまでの受講生の中でノートを見ながら話したことで夫に違和感を持たれたり、話し合いがうまくいかなかったことは一度もありませんのでご安心くださいね。

3 夫に話し合いの時間を作ってもらう

急にこのような大事な話を夫に伝えても、夫も心の準備ができておらず、じっくり聞いてもらえない可能性が高いです。事前に時間を取ってもらえるよう、お願いしてみましょう。伝え方にもポイントがあり、必ず何分時間が必要なのかを伝えてあげてください。

「大事な話があるから明日の夜、9時くらいから30分だけ時間をもらえると嬉しいな」

男性は効率を求める生き物なので、いつまで続くのか分からないことには快くYESと言いにくいです。ですので、必ず見通しを立ててあげてください。この前置きがあることで、男性は大事な話を聞く心の準備をすることができます。

もし夫が「いいよ」と時間を作ることを承諾してくれた場合は、「**お願いを聞いてくれて嬉しいよ**」と伝えるのを忘れないでくださいね。

4 夫と話し合う

話し合いにも順序があります。次の通りです。

① 【時間を作ってくれたお礼を伝える】

例）時間を作ってくれてありがとう。

② 【何について話し合いたいかを伝える】

例）パパと今後の夫婦のあり方について話し合いたいと思ってるよ。

③ 【いよいよ本題へ】

ここで、ノートに書いたことを伝えましょう。また、伝える時にはピュアコミュニケーションのルールを必ず使ってくださいね。全て伝え終わったら、お願いしたい3つのことを受け入れてくれるかどうか、また、夫の理想の夫婦像とは何かを聞いてみましょう。

また、夫がどうしても妻の要望に応えられないというのであれば、2人の中間地点を見つけてみましょう。例えば、毎日子供のお風呂を担当するのが難しいのであれば、週3回はどう？　というような具合にです。

❹【話し合いに参加してくれたことへの感謝を伝える】

話し合いが終わった〝あと〟の妻のアクションがとても大事です。そのアクションとは、「話し合いに参加してくれて、嬉しかったよ」という感謝の気持ちを伝えることです。こうすることで、夫は妻の話を聞くことでこんなに喜んでもらえるんだという気持ちになり、また積極的に話し合いに参加してくれるようになります。

男性は基本的にコミュニケーションが苦手な生き物ですが、こうした妻のちょっとした心がけで、夫が**話し合い上手**になるか、それとも**話し合いから逃げる夫**になるかが決まります。

もし、これらを実践してみても、夫と分かり合えない場合、伝え方に問題があるか、もしくは根本的な価値観がそもそも合わないというケースもあります。

本来、理想の夫婦のあり方や理想の家族のあり方は結婚前に2人でよく話し合っておくのがベストなのですが、婚前教育が浸透していない日本においてはこういった深い話をしないまま結婚してしまうケースが多いような気がします。

また、結婚前によく話し合っていたとしても、人は変化する生き物ですので、結婚後に価値観に大きなズレが生じてしまう場合もあります。

話し合いの結果、お互いの価値観に大きな違いがあり、向かっている方向が違うと分かった場合は、別の道を行くということがお互いが幸せになれる選択なのだと思います。実際にご主人と冷静に話し合った結果、別の道を行くという選択をした受講生もいらっしゃいます。

離婚は決して悪いことではなく、幸せになるための1つの手段です。結婚生活で学んだこと、成長したことを糧《かて》にして、次の人生のステージでより良い自分になれる力を、この本をわざわざ手にとってここまで読み込んでくださる読者さんなら皆持っていると信じています。

Column

妻を外出させたくない夫の隠れた本音

妻を外出させたくない夫の隠れた本音を理解しましょう。
それは、
「子供の面倒を見られる自信がない」ということ。
そうなんです。パパも不安なんです。

子供が泣き止まなかったらどうしよう
ママーママーって泣かれちゃったらどうしよう（父親としての立場が…）
ミルクってどうやって作るの？
ご飯食べてくれなかったらどうしよう
失敗したらどうしよう…

などなど。自信がないという気持ちの根底にあるのは、失敗したくない＝自分の無能さを直視したくないという恐れでもあります。ですが、誰だって最初から上手くいくわけないですよね。
できれば、普段からちょくちょくパパに頼んで経験と自信を養ってあげるのがベストですが、必ずしも全てのご家庭がそんな風にできるとは限らないことも重々に承知しています。
そんな時のための作戦が３つあります。

【作戦1】スケジュールをこと細かくメモしておく

パパがいつ何をしたらよいか迷わないように、ＴＯ ＤＯリストを時系列にしてまとめておきましょう。男性は目的達成思考です。やるべきタスクが明確であればあるほど、燃えます。

【作戦2】どこに何があるかを事前に口頭で伝えるかメモしておくか、必要なものを全部まとめて出しておく

どこに何があるか分からないという状況も、パパにとって不安材料。バイト初日の大学生に初日のオリエンテーションをするように、パパにも必要なものがどこにあるかを事前に伝えてあげると良いです。本当は、普段から把握しているのがベストなんですけどね。

作戦3 ママの外出時間を少しずつ増やしていく

これが一番大事なんじゃないかと思います。まだ育児に自信が持てないパパが、いきなり一人で3時間赤ちゃんと二人きりになるのは、「初めて日本に来た英語しか話せないアメリカ人の友達を3時間色んなところに連れていってあげてくれる?」と突然言われて戸惑うのと同じくらい困ってしまいます。ですので、いきなり3時間ではなく、こんなステップを踏んでみてください。

STEP 1 外に郵便物取りに行ってくるから、子供見ててくれる? 5分

STEP 2 コンビニ行ってくるから子供見ててくれる? 15分

STEP 3 ちょっとダイエットのために散歩してきたいから子供見ててくれる? 30分

STEP 4 スーパーで買い物してきたいから子供見ててくれる? 60分

STEP 5 カフェでひと息ついてきたいから、子供見ててくれる？ 90分

こんなふうに、徐々にパパがお子さんを見ててくれる時間を延ばしていきます。忘れてはいけないのは、STEP1や2のような超短時間でもお願いを聞いてくれたら、大きな喜びを表現してあげること。「○○ちゃん見ててくれてほんと助かったよ〜！」という具合にです。

この時、心の中に「本当はもっと長時間出かけたいのに…」という気持ちがあっても構いません！ それが自然な感情ですから。ですが、口に出さないでくださいね。大事なのは、求めていることの10％に満たなくても、理想の姿に繋がる小さなアクションをしてくれたら、それを見逃さずに喜ぶことです。

すると、「ママがそんなに喜んでくれるなら、もっと役に立てるように頑張ろう！」という気持ちになります。その結果、「ママ、今日は遊びに行っておいで！」と1日快くママに自由時間をくれる神ダンナになっていくんですよね。

たったそれだけのことで喜んでたら、そこで満足しちゃってその次のタスクをやってくれなくなるんじゃない？ と思っている方、要注意ですよ〜。

小さなことでもママが喜んでくれればくれるほど、パパは自信を養うことができますし、もっともっとママが喜んでくれるように、もっとハードルが高いことにチャレンジしてみようという気持ちになります（ただ、このステップと内容はあくまでも一例ですので、あなたなりのステップを考えていただいて結構です）。

思い通りに夫が動いてくれる
妻の魔法

Part 5

大事なことなのに誰にも聞けない
産後のセックスレス問題

——男と女はこんなに違うことを考えている

「出産後、すっかり夫とレスになってしまった…」
「産後、性欲が行方不明に…」
「夫のスキンシップが嫌でたまらない。触れられるのも嫌！」
などなど…。

子供が生まれた後のセックスレス問題で悩んでいるけど、誰に相談してよいのか分からず一人で抱え込んでしまっている方が多いと感じています。

今の時代はまずネット検索ですよね。ですが、ネットの情報は誰が書いているか分からないため、情報の正確性は定かではないと気づいていただきたいのです。

この章では、子供が生まれたあとも夫婦で前向きにセックスと向き合いたいと願う方のための「基礎知識」をご紹介します。

もちろん、お子様がいらっしゃらない方にもお役に立てるセックスにまつわる夫婦問題解消のヒントがたくさんありますので、ぜひ参考にしていただければと思います。

……このままでいいの？　そろそろ二人目がほしい！

出産を機に気づいたらレスに…という悩みを抱えてる方もいらっしゃるのではないでしょうか。そろそろ二人目がほしいなと思い始めたのに、「このまま子供ができないんじゃないか…」と不安になってしまいますよね。

大丈夫です。セックスレス解消は可能ですから！

解決方法をお伝えする前に、まず知っていただきたいのは、産後の女性のホルモンの変化についてです。

産後、母と子の絆を強くするために、お母さんはオキシトシンというホルモンで溢れています。このオキシトシンの量が増えれば増えるほど、エストロゲンというホルモンの値が下がっていきます。エルストロゲンが下がると、膣の中が潤いにくくなるだけではなく、性欲も低下します。

「産後、なかなか性欲が戻らない」と悩んでいらっしゃる読者さんがいたら、それはごくごく自然なことだから、自分を責めなくて大丈夫ですよ、とお伝えしたいです。赤ちゃんを大事に育てるための不思議な体の仕組みなんですよね。

長い間、産後に性欲が湧かないのはこの**ホルモンの変化のせい**だと信じられてきましたが、驚くべきことにこれまでの常識を覆す研究結果が明らかになっています。2012年に行われたミシガン大学の研究によると、ホルモンの影響よりも、**心理的な影響**が産後のセックス問題に大きく影響していることが分かりました（参考文献※7）。

7年以内に出産を経験した304人の女性を対象に行われたその研究によると、〝パートナーから大事にされている〟〝支えられている〟という**心理的な親密さ**こそが、ホルモンの変化や体の変化などの生理的な影響を超えて、母親が性欲を感じるための一番大きな要素を担っているというのです。

また、調査によると、母親のセックスへの意欲を低下させる最も大きな要因は、「疲労」「赤ちゃんの睡眠リズム」「時間が取れない」という結果が明らかになりました。

ホルモンの影響は避けられませんが、研究データにあるように、パートナーとの関わり方、協力体制、自分自身の心がけなどで、セックスレスを防ぐことは可能です！

ということを、私自身の経験からも知っていただきたいと思います。

さて、お待たせしました。ここからご紹介するのは、具体的なノウハウです。産後も夫婦それぞれのやり方で幸せなセックスを楽しむためのコミュニケーションのコツをお伝えしていきますね。

1 「したい」と伝えなきゃ始まらない！

夫が求めてきてくれないと悩んでいる方に質問です。「したい」と言葉にして伝えましたか？　というお話をすると…、

「私から誘うなんて、なんだか恥ずかしい…」
「こっちが誘わなくても、向こうから積極的に求めてきてくれればいいじゃない！」
「夫が誘ってくれないのは、きっと私をもう性的対象として見れないんだわ…」

こんな声が聞こえてきそうですが…、ちょっと待ってください。違うんです！　男の言い分を聞いてください。

男の本音

「出産、妊娠時の妻の性欲は男性にとって完全な未知の世界。夫が恐れていることは性的に妻を満たせていないことなので、妻から『準備ができている』と誘ってくれることはむしろウエルカムです。その安心感が産後の良好な夫婦関係に繋がります」

そうなんです。男性は女性の体について未知です。あなたが男性の体の仕組みがよく分からないように、男性も女性の体について理解していません。高校の保健体育の授業で産後の女性の体について教わりませんよね？　なので、いつセックスを再開したら良いのか、いつなら妻の体が準備ＯＫなのか、夫もよく分からないので、気を遣っていますし、心配なのです。

決してあなたを女性として見られなくなったとか、そういうわけではなく、妻からＯＫが出るまで〝待つ〟ということが**夫の思いやりの表現**なのです。もちろん、中には産後すぐに求めてきてくれる夫もいると聞きますので、全員がこうですとは言い切れないのですが、産後、夫から誘ってきてくれないとしたらその理由は妻の体を心配してのことです。

傷はもう痛くないかな？　途中痛がったらどうしよう？　妻の体を傷つけてしまったらどうしよう…と。妻の体が一体どうなっているか想像がつかない分、一歩踏み出せないでいます。

また、育児で疲れているだろうし、今誘ってもきっと断られるだろうし、負担になってしまうだろうな…と自己完結してしまう夫もいるでしょう。男性にとってセックスを断られるということは**自信喪失**につながるので、繊細な夫であればあるほど〝断られるくらいなら誘わない〟という選択をしてしまいます。セックスに関して、男性はとてもデリケートです。


妻から言葉にして「したい」と誘わなければいけない理由がお分かりいただけましたか？

もし、ご無沙汰すぎてどう誘っていいのかすら思いつかないという方は、第2章でご紹介した伝え方のルール3：お願い上手フレーズを使ってみてください。

「今晩○○くんと仲良しできたら嬉しいな」

「産後、体も十分回復したから、久しぶりに仲良しタイムができたら嬉しいな」

「お医者さんから、もうしても大丈夫って言われてるから、エッチしたいな」

ちなみに、私はストレートに「今日エッチしたい！」と伝えていました（笑）。

2 そんな気になれない時の上手な断り方

ここまでは、こっちがしたいのに夫が誘ってきてくれない場合の対処法をご紹介させていただきましたが、逆に「夫に求められても疲れてそんな気になれない」という悩みを抱えている方もいらっしゃるのではないでしょうか。

ですが、この時の断り方がご夫婦の今後の明暗を大きく分けてしまいます。


「今はしたくないの！」

「痛いから嫌」

「ちょっと何触ってんのよ！　子供がおっぱい飲むんだからあなたの汚い手で触らないでよ!!（怒）」

あぁぁぁぁ…こんな断り方されたら…**男性は立ち直れません**。産後ボロボロの体にムチを打って育児に家事に疲れ果てている状態で、そんな気になれないのは当然のことです。

ですが、もしこれから先も円満な夫婦関係を築いていきたいなら、少しでも夫の気持ちを想像してみていただきたいのです。

女性も同じだと思いますが、セックスを拒否されるということは、存在そのものを否定されるのと一緒です。深く、深く傷つきます。男性にとってセックスは自分の能力の見せ所のひとつでもあります。子孫を残すことが仕事ですからね。にもかかわらず、それを断られるということは、**「あんたなんて役立たず！　使えない！」**と言われているようなものです。

たとえるなら、オスの鹿の角をボキボキッと折ってしまうようなもの。ガラスのハートの持ち主である男性は、もうプライドはズタズタ…一瞬で自信が破壊されます。

かといって、我慢して夫の相手をする必要は全くありません！　逆に、無理していたということが後から分かれば、それはそれで夫は傷つきます。ただ、断る時は、**断**

り方に気をつけてほしいのです。
夫が傷つかない伝え方のポイントは3つあります。

①【「求めてきてくれて嬉しい」という気持ちを言葉で伝えること】

自分がセックスに誘うことで、妻が喜んでくれていると感じることができれば、夫は男としての自信を失わずに済みます。自分の存在が妻の喜びになっている（役に立つことができているんだ）という実感こそ、夫が幸せに暮らしていくためには欠かせない要素です。

酸素がなくなったら人間が生きていけないのと同じで、男性は「役に立っている実感」が感じられないと生きていけません！　結果、家庭の外にそれを求めるようになってしまいます。

②【なぜNOなのかという理由を明確に伝える】

男性は論理的思考の傾向が強いので、なぜダメなのか？　という理由が知りたいんです。理由を説明することで、すんなりと気持ちを理解してもらいやすくなります。

❸【代わりの提案をする】

これは「もしできたら」で良いです。必須ではありません。もし可能であれば、「セックスはできないけど、3分間マッサージならできる」というふうに、代替案を提案してあげましょう。そうすることで、夫は妻が自分を思ってくれていること、必要とされているんだという安心感を感じることができます。

以上のことを踏まえて、夫を傷つけない上手な断り方のフレーズの例をいくつか挙げてみますね。

「誘ってくれてとっても嬉しい。私もしたいっていう気持ちはあるんだけど、昨日から寝不足で今日も子供の世話で疲れちゃったんだ。また今度できたら嬉しいな」

「お誘いしてくれて嬉しいよ。私も◯◯君と仲良ししたいんだけど、産後の傷がまだ痛むから、大事を取ってまだお休みしたいんだ。もしよかったら、代わりに3分だけヘッドマッサージしてあげたいんだけど、どうかな?」

「したいって言ってくれてとっても嬉しい。ありがとう。私もあなたとしたいと思ってるんだけど、3時間後にまた起きて授乳しないといけないから、できれば今はゆっくり体を休めておきたいって思ってるんだ。今日は二人でギューッてして寝れたら嬉しいな」

伝え方を工夫するかしないかで、3年後、今よりももっと仲良し夫婦になるか、険悪な夫婦仲になるかが決まります。子供が生まれても変わらず仲良くいたいと願うのであれば、ぜひ参考にしてみてくださいね。

ただし、二人目のお子さんを望んでいる場合、断り続けて体が回復するのを待つだけでは「いつまで待てば良いの?」と途方にくれてしまいますよね。

体の準備ができるまでひたすら待つという選択肢以外にできることとして、育児で忙しい中でも心と体をケアしたり、ママの負担が少なくなるようにパパに協力してもらったり、自治体のシッターサービスを利用してホッと息抜きできる時間を作るなどして、母親になった後の新しい生活リズムと上手に付き合う方法を模索してみると良いでしょう。

時間は作るものです。ママが〝自分〟でいられる時間がなくなれば、心も体も窮屈になってリラックスできず、性欲どころではなくなってしまいます。自分で自分の心を快適に整えるのは個人の責任です。自分を幸せにできるのは、自分だけですからね。セルフケアの方法は第6章でもご紹介していますので、併せてお読みいただけると嬉しいです。

3 旦那が嫌いすぎて、セックスどころではない！

「旦那が嫌いすぎる…」はい。お気持ちよく分かります。こんな時は性欲どころか、旦那への殺意しか感じられないですよね。それでも、出会った頃と同じように、また仲良く会話したい…もう一度男と女として愛し合いたいと少しでも願っているなら、ぜひ続きを読み進めてみてください。夫婦関係はいつからでも取り戻すことができますよ！

セックスはコミュニケーションツールのひとつでしかありません。移動をするのに徒歩、車、電車と、様々な手段があるように、意思を伝達する方法にも「言葉」「スキンシップ」「セックス」と、様々な手段がありますす。ほかにも色々ありますが、ここではシンプルにこの3つで説明していきますね。

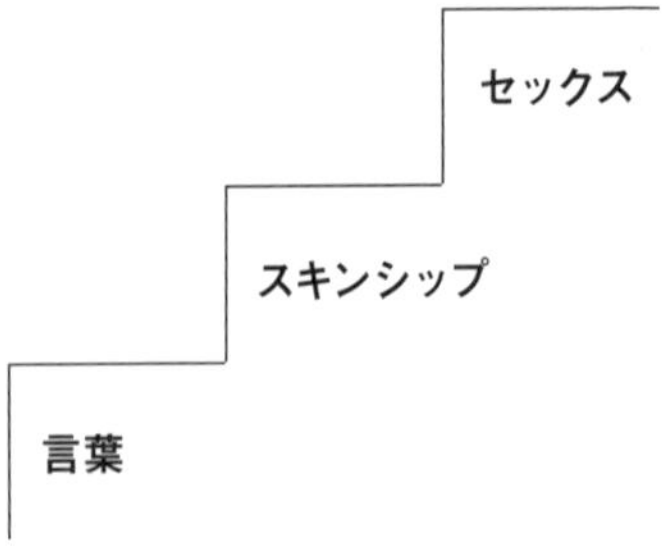

まず、次の図をご覧ください。

言葉・スキンシップ・セックスを難易度の高い順に並べると、図のようになります。この図をコミュニケーションの階段と呼んでいます。

つまり、セックスは最も難易度の高いコミュニケーションツールです。なぜなら、言葉や体を通して全身全霊で相手と思いを通わせ合うコミュニケーションだからです。

ですので、セックスレスを解消したい！　と思った時、真っ先にセックスレスを解消しようと思ってはいけないのです。

つまりは、こういうことです。

セックスレスを解消する前に、ベッドの外の問題を解決しなさい！

セックスレス問題をどうこうする前に、階段の一番下にある「言葉」でのコミュニケーションに問題がないかを考えてみる必要があります。

・会話をしていますか？
・素直な気持ちを伝え合っていますか？
・お互いに遠慮なく不満を伝え合えていますか？
・お互いにいたわりの言葉をかけ合っていますか？
・感謝の気持ちを言葉にしていますか？
・パートナーを傷つけた時は、素直に「ごめんね」と伝えていますか？

言葉で心地よい会話ができなければ、セックスという体と心での会話が気持ち良いわけがありません。

これまでお話ししてきたコミュニケーションのルールを使って、ご主人と「言葉」を介してお互いを大切にし合う工夫から始めてみてください。一つヒントをお伝えします。不満を溜め込んでしまうと、夫に憎しみしか感じられなくなります。

なぜかというと、**プラスの感情とマイナスの感情は紙一重**だからです。「イライラ」という感情を心の奥に閉じ込めてしまうと、「好き」「楽しい」「幸せ」というプラスの感情も心の奥に閉じこめてしまうので、夫を好きという気持ちを感じられなくなってしまいます。

これまでの受講生を見ていると、パートナーに上手に不満を伝えられるようになることで、次第に好きという気持ちを取り戻していくパターンが非常に多いです。それだけではなく、これまで固く閉ざしていた感情を感じる扉をオープンにしたことで、生きることそのものが楽しくなったという受講生をたくさん見てきました。

ご主人に感じたイライラや不満は、第2章でお伝えしたルール2の不満の伝え方を使って、その場で伝えるようにしてみてくださいね。

感情を解放することで、ご主人への愛情を再び感じられることを願っております。

4 夫の事務的で愛情のないセックスが耐え難い！

夫のセックスに不満があり、誘われても気が乗らないという方にアドバイスさせていただきたいと思います。まず知っていただきたいのは、夫は**今のままのセックスで妻が満足してくれている**と感じている可能性が高いということ。

もう、しつこいくらいお伝えしてきましたが、男性は察することができません。妻が何も言わないということは、今のままで喜んでくれているんだと本気で思っています。つまり、妻が今のセックスに不満を感じていることに気づいていません。

直接言葉で伝えないと、何も伝わっていません!!

どこをどうしてほしいのか、どんなふうに触ってほしいのか、あなたの**気持ち良い**

ポイントも言葉にして伝えてください。「え？　そんなこと恥ずかしくて言えない…」という方へ。夫は妻の気持ち良いポイントを知りたいと思っていますよ！　大切な女性に喜んでもらうことが、男性としての最高の喜びですからね。

男の本音

「男性にとって、セックスでの失敗とは女性を満足させることができないことです。『全然気持ちよくなかった…』なんて妻から言われてしまったら、心ズタズタで立ち直るまで時間がかかることも。それくらいセックスについては男性は繊細です。妻に喜んでもらえるための具体的な答えを教えてもらえるなら、夫はノドから手が出る程ほしいし、チャンスをくれる妻に感謝します」

夫からしたら、妻が気持ちよくないのに無理して気持ちよいフリをして自分の性欲に付き合ってくれているほうが余計に傷つきます。

セックスというコミュニケーションを通してあなたを本当の意味で喜ばせることができれば、夫は男としての最高潮の自信を感じることができます。そして、もっともっと妻を喜ばせる良き夫でいようという気持ちが増していき、今まで以上に妻への愛おしさも増していきます。

恥ずかしがらずに、あなたが本当に望んでいるセックスのあり方を伝えてみてくださいね。そして、お願いを聞いてくれた時は、「お願い聞いてくれて嬉しいよ」と伝えるのを忘れないでくださいね！

ただ、普段からお互いに自由に気持ちを伝え合えていないと、いきなりセックスのリクエストをするのは勇気が要りますよね。だからこそ、ベッドの外の普段の会話で、お互いに自由に気持ちを伝え合うコミュニケーションができていることがとても大切なんですよ。

5 夫が疲れていて断られる場合

こっちから誘っても「また今度ね」「疲れてるからムリ」と夫に断られてしまうという場合、一体どうしたら良いのでしょう。女性としての自分を全否定されたようで、心底傷つきますよね。不満の伝え方のルールを使って、あなたの気持ちを夫が冷静に受け止めてくれるように話してみましょう。

たとえば、こんなフレーズです。

「今の〝眠いから無理〟っていう言い方、すごく傷ついた。今度からは〝今日は眠いからごめんね。また今度ね〟って言ってギューッてしてくれたら嬉しい」

「また今日も拒否されて、大事にされていないように感じてすごく悲しい。今度からは〝今日は疲れてるからできないんだ。ごめんね。でもママのことは大好きだからね〟って優しく言ってくれたら嬉しい」

このように冷静に伝えることで、夫も妻が悲しんでいるということに初めて気づくことができますし、これ以上悲しませないように何かしなければいけないと考えてくれる可能性が高くなります。

それでも解決しない場合は、夫婦でセックスとどう向き合っていきたいのか？　という**根本的な話し合い**が必要です。現在のご主人とのセックスについて、どう感じているのか、理想の夫婦のセックスとは一体どのようなものなのかなど、あなたが望んでいることをご主人に伝えてみましょう。

たとえば、こんな伝え方です。

「これまで夜に誘っても毎回断られることが続いて、あなたに女性として見られていないんじゃないかと感じてすごく傷ついている。最近仕事が忙しくて、そんな気になれない日もあるってことはすごくよく分かるよ。だけど、子供が生まれてもあなたと仲良くいたいし、大事にされてるんだっていう実感を感じたい。だから、できたら2週間に1回くらいはしてくれたら嬉しいな。もちろん、疲れてる時は無理しないで言ってね。あなたの考えを聞かせてくれる？」

あなたの意見を一方的に伝えるのではなく、夫の意見も必ず聞きましょう。そして、あなたも夫も納得する中間地点を見つけて歩み寄ることができたらベストですね。

＊

最後に、夫に何度も断られて心が折れそうになっている方に向けてお伝えしたいことがあります。それは、疲れている時は、**いくら頑張っても勃たない！**ということ。
性的興奮を覚えるためには、リラックスすることが最も重要で、ストレスを抱えていては体がセックスモードになりません。また、男性は失敗したくないという心理があります。「妻の前でもし勃たなかったら…」と考えるだけで怖いのです。

男性からしたら**勃たない＝役立たずの極み＝存在する意味がないのと一緒**。一瞬で自信を失ってしまいます。精神的にも、肉体的にもご主人が疲れ切っている場合は、それこそが夫がセックスに踏み出せない原因だと考えてください。

妻にできることがあるとすれば、夫の精神的負担を和らげてあげること、無理にセックスを強要しないこと、セックスできなくても責めないことです。夫も妻の思いに応えられないことを気にしているはずなので、それが夫への思いやりです。

また、男性によくある思い込みが、セックスしたら**必ず射精しなければ女性が喜ば**

ないというものです。最後までいかなくても、ただ挿入してギューッとハグしているだけでも愛されている実感がして嬉しいと感じる女性もいらっしゃると思います。挿入なしで、裸になって抱きついているだけでも満足という方もいらっしゃるでしょう。

疲労が原因で妻の誘いを断ってしまう男性の場合、この思い込みを覆してあげることですんなりとOKしてくれる場合もあります。こんなふうに伝えてみてください。

「中に挿れて動かさないであなたとギューッってしてるだけでも、すごく嬉しいんだ。してくれる？」

「今日は疲れてるんだね。じゃあ、裸になってギューッてして寝るのはどうかな？私はそれだけでも嬉しいいし、大切にされてる気がして安心するよ」

射精しなくても妻が喜んでくれるんだと知った夫は、自分の存在そのものが妻から求められていることを感じ、妻のことをもっともっと愛おしく感じますし、妻のリクエストに喜んで答えようとしてくれます。

プレママさんに伝えたい、産後のセックスレスを防ぐために今からできること・知っておくべきこと

これからお子さんを望まれる方に向けて、「産後のセックスレスを防ぐために今からできることは何か？」という視点でお話ししたいと思います。

1 セックスについて夫婦で話し合うこと

まず何よりも大切なのは、普段から夫婦でお互いが望んでいるセックスについて話し合っていることです。

特に、子供が生まれたあとのセックスはいつ再開したいと思っているのか？　どれくらいの頻度でしたいのか？　産後の体調が思わしくない時は、セックスの代わりにどんなことをしたら二人が望むコミュニケーションができるのか？　などなど。

お互いが孤独を感じることなく、大事にされていると感じられるように、どのようなことを望んでいるのか、素直な気持ちを伝え合ってみましょう。

2 どこでする？　場所を確保しよう

これは私の体験談なのですが、当時娘のベッドが私たち夫婦の寝室にありました。そこで夫がひと言、「俺、ちょっとでも泣いたりグズったりするとできない。この部屋は無理だわ…」と言うのです。私は全然平気なのですが、やはり個人個人で違いがありますよね。

他にも、子供が起きないかどうか気になってセックスに集中できないとか、そんな気分になれないというパパもいらっしゃるでしょう。妻を誘いたくてもどこですれば…リビングはさすがに嫌がられるかな…などと考えているうちに頭がいっぱいいっぱいになって、自分から誘うのを諦めてしまうというパパもいると思います。

男の本音

「僕は、声を潜める環境では燃えないので、リラックスできる環境が必要でした。子供が近いほうが逆に燃える方は問題ナシ！」

場所で迷わないように、赤ちゃんが生まれたらどこでセックスをしたいかについても、お互いの気持ちを伝え合っておくと良いでしょう。これぱかりは生まれてからでないとなかなか想像がつかないと思いますが、だとしてもお互いの意向を伝え合っておくだけでも、気持ちがすれ違うのを防ぐことができます。

ちなみに、ご参考までに私たち夫婦は、当時リビングにわざわざ布団を運んできてしておりました（笑）。

3 決して無理をしないこと

産後いざセックスにトライしてみると、まだ傷が痛むということがあるかもしれません。通常、産後の1ヶ月検診の内診で問題がなければ、「もう普通に生活して大丈夫ですよ〜」とお医者様から言われます。

ですが、現実は…個人的には産後1ヶ月はまだまだそれどころじゃありませんでした！　私の場合、会陰の傷にまだ痛みがあったので、とにかく早く夫と仲良しタイムを楽しみたかった私は1ヶ月検診の時に先生に直接聞きました。

「まだ傷が痛むんですが、もうエッチしても大丈夫なんですか？」

（▶ストレートすぎ！笑）

すると先生が、「傷もとても綺麗ですし、大丈夫ですよ。ただ、3ヶ月経っても痛みを感じる方もいらっしゃるので、無理せず体調に合わせてくださいね」とおっしゃいました。そうなんです、これは個人差があります。

私は産後3ヶ月目で傷の痛みも完全になくなったので、産後初めてのセックスを再開しましたが…挿入した時点で強烈な痛みを感じ、諦めました。おそらく、中の傷がまだ完全に治ってなかったんですね。

こんなことがあるかもしれません。そんな時は体のために絶対に無理をしないで途中でストップしてください。

ただし、ただ単に「痛いから無理」と伝えるのではなく、こんな伝え方をしてみてください。

「○○くんと仲良しできてすごく嬉しかったよ。ちょっとまだ傷が痛むから、大事をとってまた1ヶ月後くらいにできたら嬉しいな」

「あなたとセックスできて嬉しい！」ということを必ず言葉で伝えてから、**今日はまだ無理な理由を説明してあげてください**。断られたとしても、夫にとって妻の心と体が一番大切ですし、何よりも「求めてくれて嬉しい」という言葉を伝えてもらえることで、夫は男としての自分の存在価値を再確認できます。

「言葉で言わなくても伝わってると思ってた…」では、夫婦の間に後々取り返しのつかない溝ができてしまう可能性がありますよ。

4 産後セックスレスになるかどうかは妊娠中に決まる

産後、夫の積極的なサポートがあり、妻の精神的な支えになってあげるためのコミュニケーションができていることで、セックスレスになりにくいという研究データを164ページでご紹介しましたね。実は、産後に良い夫婦関係が築けるかどうかは、**妊娠中の夫婦のコミュニケーション**にかかっています。

妊娠を機に、夫婦仲に亀裂が入ったという話をよく耳にします。そうなるのも仕方ありません。初めての妊娠であれば、それは妻にとっても夫にとっても大きなライフステージの変化ですから。

母親は妊娠をきっかけに精神的にも体調面でも不調を感じやすくなります。ちゃんと育てていけるだろうか？　という漠然とした不安もありますし、ホルモンバランスの変化により自分でも理解できないような感情のアップダウンを経験します。つわりの度合いによっては体力も激しく消耗し、毎日極限の精神状態まで追い詰められてしまう方もいます。

父親も大きなチャレンジに直面します。妻がつわりで苦しんでいる姿を目の当たりにし、何もしてやれない不甲斐なさに落ち込んだり、妻が赤ちゃんのことばかり気にかけている気がして寂しさを感じるなど、複雑な感情を味わうことになります。

急激にやってくる様々な変化によって、妻も夫も大きなストレスを感じ、それが原因で夫婦仲に溝ができてしまうこともあります。ですが、もちろん、それを防ぐこともできますし、むしろ、妊娠をきっかけにこれまで以上に夫婦の絆を深めることも可能なのです。そして、その絆は子供が生まれた〝あと〟に良い関係を築くための強固な基盤となります。

では、どうしたら妊娠中に夫婦関係に亀裂が入ることなく、良い関係を保てるのでしょう。ここでもカギとなってくるのがこちらの男性心理です◀

男性は役に立っていることを実感したい

そうなんです。妻の妊娠中、夫は自分の無力さを感じざるを得ない場面に何度も直面します。例えば、つわりで体調が悪い妻に何もしてやれない時です。つわりをきっかけに夫の匂いがダメになる方もいるので、必然的に一緒に過ごす時間や会話も少なくなれば、セックスもできなくなります。そうなると極端な話、「俺はここにいる意味があるのか…」という気持ちになってしまいます。

結果、妻に当たったり、拗ねたり、ひねくれたりしてしまうのです。

そうならないために、**夫に役に立ってる実感**を与えてあげること！　これができれば、妊娠をきっかけにお互いが「愛されてる」「必要とされてる」と感じることができ、より良い関係を築いていくことができます。

具体的には、以下のことを心がけてみてください。

体調が悪い時こそ、夫を頼りまくる！

家事、買い物など、お願いできることは何でも甘えて頼りまくりましょう。妻の役に立てるスーパーヒーローになれる絶好のチャンス！　と意気込んで、積極的にリクエストに応えたいと夫も思っています。

たとえば、急にマクドナルドのフライドポテトが食べたくなったら、わがままかな？　と躊躇《ちゅうちょ》せずに、理由も伝えて素直にお願いしてみましょう。

「急で悪いんだけど、もしできたらマックのポテト買ってきてくれたら嬉しいな。つわり中ってこれ食べたい！　って思ったら、それ以外の物は全く受け付けないんだよ

ね。だから買ってきてもらえたらすごく助かる」

こんな感じで、つわり真っ最中の妊婦の食欲の構造まで詳しく説明してあげると、夫も「なるほど！」と理解しやすくなりますし、そんな妻のために買ってきて喜んでもらいたいと思うものです。また、「急で申し訳ないんだけれど…」と、夫への配慮の気持ちも忘れずに付け加えてくださいね。

感謝の気持ちを忘れずに〝言葉〟で伝える

夫がお願いを聞いてくれたら、どんなに小さなことでも「○○してくれて、嬉しい」「○○してくれて助かったよ」と、あなたが喜んでいるということを伝えましょう。話す余裕がなかったら、後日でも構いませんし、ＬＩＮＥでも良いです。体調が悪すぎて、ゾンビのような声になってしまっても問題ありません（笑）。

夫は「自分の行動が妻の役に立てた」ということが分かれば満足なのです。そのためには、どんなにテンションが低くても良いので**必ず言葉で伝えてください**。妻の役に立てた！　という実感が夫のモチベーションをグンとあげて、もっともっと支えてあげたいと思うようになりますよ。

してほしいこと、してほしくないことを明確にして夫に伝える

夫はつわり中の体の不調を完全に理解はできないので、妻が何を望んでいて何をされたら嫌なのか？　をはっきりと言ってもらえたほうが助かります！

たとえば、

「つわり中はキスされると気持ち悪くなっちゃうんだ。◯◯くんのこと嫌いなわけじゃなくて、体調の問題だから安心してね。チューの代わりに背中をさすってくれたら嬉しいよ」

「私が〝気持ち悪い〜〜〟って言った時に無視されると悲しい。今度からは〝大丈夫〜？〟って言ってくれたら嬉しいよ」

こんなふうに伝えてみてください。もちろん、タイミングやご主人の状況次第でお

願いを聞いてもらえない時もあります。そんな時は、代わりにできそうなことを提案してみたり、また別の機会にお願いしてみましょう。我慢しないことが大切です。

男の本音

「妻がつわりで苦しんでいた時、何もできない不甲斐なさに〝ごめん〟と伝えていました。つわりが一体どれほど辛いものなのかが全く想像できないため、夫にしてほしいことと、してほしくないことを、具体的に教えてほしいと思っています」

ここまでお話ししてきた通り、妊娠中に夫婦が直面する大きな変化やチャレンジのなかで、いかにお互いを思いやり、支え合うことができるかが、産後の夫婦関係に大きな影響を与えます。産後のセックスレス・産後クライシス防止の準備は、妊娠中から始めることが肝心です。

長年のセックスレスを解消する3文字の魔法

産後のセックスレス解消についてをメインにお話ししてきましたが、これまでお話ししたことは全て**長年のセックスレス解消にも有効です**。
実際に受講生のAさんは、約5年のセックスレス解消に成功するという奇跡の体験をされました。

実はAさん、ご主人の女性問題に長年悩んでおり、私の講座に人生をかけて飛び込んできてくれたのです。ご主人からは何度も「離婚してくれ」と言われていました。それでもAさんは家族のために諦めず、レッスンで習ったことをすぐに実践し、その効果はすぐに現れました。

「離婚してくれ」と言っていたご主人が、デートに誘ってくれるなど、夫婦関係自体は順調に回復していたのですが、セックスレス解消までには至りませんでした。

Aさんとしては「セックスレスな夫婦関係は私の望む生き方ではない。このまま女として必要とされないまま死んでいくのはイヤだ」という気持ちが強く、思い切ってご主人に伝えてみました。

「私は前みたいにあなたとマッサージやセックスをして、癒してあげられる存在になりたい」と。
ご主人は快く受け入れてくれました。そして、それから2週間後、Aさんから、

「真弓さん！　こんばんは

ついに！　ついに！！
ついにーーーー！！！
突然やってきました…
レス解消の報告です(//∇//)」

と、大興奮気味のメッセージが届いたのです。

したいなら「したい」と妻から伝えることが、どれだけ大切かということが、お分かりいただけると思います。夫がセックスに踏み込めないのは、何らかの理由がある

と思います。Ａさんのご主人の場合は、Ａさんが子宮の病気にかかってからセックスをするのが怖くなってしまったとのことです。

「したい」と伝えることは、そんな夫の意外な本音を聞くチャンスにもなりますし、夫婦でセックスについて話し合う絶好のチャンスです。

もちろん、Ａさんは普段のご主人とのコミュニケーションで夫に喜んでもらえるような工夫を重ねて、「したい」と思ってもらえるような妻になるための努力をしてきたことは言うまでもありません。

セックスしても、しなくてもいい

セックスレスをどう解消するか？　についてお話ししてきたのにこんなことをお話するのは大きく矛盾していますが、別にセックスしなくても幸せな夫婦関係を維持することは可能です。コミュニケーションの３つの階段でお話ししたように、セックスはコミュニケーション手段の一つでしかないからです。

日頃から言葉を介してお互いを思い合い、いたわり合う深い会話ができていれば、セックスしなくてもお互いの心の奥底の深い部分で繋がり合う感覚を充分に得ることができます。セックスの本質はお互いのエネルギーの交流であり、目を見て会話をするだけでもエネルギーの交流が起こるからです。

性欲のレベルには個人差があります。毎日でもしたい人もいれば、全然しなくても平気という淡白な方もいます。どちらが正しくてどちらがおかしいという話ではなく、体質の違いです。

セックスしなければ良い夫婦関係を築くことはできないのか？　と心配になっている方は、安心してくださいね。言葉や肌の触れ合いを通しての会話ができていれば、お互いに心が満たされた円満な夫婦関係を築いていくことができます。

Part 6

夫が一生大切にしたくなる妻の心がけ

――毎日会っても飽きない！ どころか、より愛が深まる秘訣

ここまでお話ししてきたことを実践しても、夫がなかなか思い通りの反応を返してきてくれない！　夫が全然変わってくれない！　という読者様…もしかしたらその原因は根本的な考え方、つまりは「マインド」にあるかもしれません。これからお話しすることに当てはまることはないか、チェックしてみてください。

……夫を思い通りに動かそうとしていませんか？

本書は『思い通りに夫が動いてくれる妻の魔法』というタイトルですが、**決して「夫を思い通りに動かそう」などと思わないでください！**　と言ったら、嘘つき呼ばわりされてしまうかもしれませんね。もう少し噛み砕いてお話しさせてください。「よーし、夫を思い通りに動かしてやるぞ～！」と表面的なところだけかいつまんで理解してしまうと、とても大事なことを見落としてしまうことになるのです。

それは何かというと、**「夫を幸せにする」という目的**です。良い夫婦関係とは、**お互いがお互いの幸せを願い合うという前提**があって、初めて生まれるものです。一般的に、彼氏が彼女にプロポーズする際に伝える「僕があなたを一生幸せにします！結婚してください！」という言葉がありますよね。この言葉に強い疑問を感じているのは私だけでしょうか。

本来であれば、彼女のほうも「私もあなたを幸せにします」という言葉を、プロポーズの返事がＹＥＳなのであれば伝えるべきなのです。男性は女性を幸せにする側で、女性はあくまでも幸せに〝してもらう側〟という受け身なイメージがありませんか？こんな考え方が夫婦関係を壊してしまうのです。

妻は何の努力もせずに、夫に幸せにしてもらうのを待っているだけで良いなんていうバカげた話はあり得ません。妻も、夫も、相手が笑顔でいるために自分には何ができるかを考え、相手の心に思いを寄せ、耳を傾け、相手を思った行動をする努力が必要です。

パートナーが落ち込んでいたり孤独を感じていたりする時には、そっと寄り添い、「私がついてるよ」と味方になってあげる姿勢があってこそ、幸せな夫婦関係は成立します。

妻は夫に幸せにしてもらうのを待っているのではなく、夫に幸せや喜びを与えるからこそ、夫もその思いに全力で応えようと愛情を注いでくれるようになるのです。

これまでご紹介させていただいたコミュニケーションの法則や伝え方のルールは全て**男性がされて嬉しいこと・言われて嬉しいこと**がベースになっています。**夫を思い通りに動かすという目的で使う薄っぺらいテクニックではありません**。あくまでも、あなたが**一生涯のパートナーとして選んだその男性を幸せにするという目的**で使っていただきたいのです。

どんな気持ちでご飯を食べるかで味の感じ方が全く違うように、どんな気持ちで行動するかによって結果は大きく変わります。コミュニケーションのテクニックも一緒です。テクニックは心を込めることで初めて効果が出るものです。

夫に幸せであってほしいという思いを込めて伝えた結果、夫は受け取った幸せを妻にお返ししたくなり、結果、妻が望む理想の夫になりたいと自ら思ってくれるのです。

つまり、こういう手順です。

夫に幸せであってほしいという気持ち

▶夫が喜ぶコミュニケーションができる

▶夫が幸せを感じる

▶妻をもっと幸せにしたいと思う

▶結果、妻の望みに応えたくなる

この手順があっての、「夫が思い通りになる」というわけです。夫を思い通りに動かしているように見えると表現したほうが近いかもしれません。

本の通りに実践してみたけど、夫が思うような反応を返してきてくれないということであれば、大半の原因は夫を思い通りに操ってやろうという妻の**自分勝手な考え方**にあります。今一度、心の中を見つめてみてくださいね。

夫は自分のご機嫌を取るための道具じゃない

以前、受講生からこんな相談を受けたことがあります。

「○○してくれたら嬉しいな～と伝えたら、夫に、なんかその言い方、強制されてる感じがしてイヤなんだけどーと言われました…」

「荷物持ってくれたら嬉しいな～と言ったら、また自分の都合のいい時だけそういうこと言って！　と言われてしまったんです…」

〝嬉しいな～〟というフレーズは男性が喜ぶって教わったのに、うちの夫には逆効果なんじゃないか!?　と悩んでいらっしゃったんですね。ですが、彼女たちにある質問

をしたところ、その原因が一瞬で判明しました。その質問がこれです◀

「普段から、旦那さんが喜ぶこと、してあげてますか？」

〝喜ぶこと〟とは、例えばこんなことです。

・夫がしてくれた小さな気遣いに気づく
・小さな気遣いに気づいたらすぐにお礼を伝える
・夫を傷つけてしまったら、素直に謝る
・夫の良いところを褒める
・どんなことをしたら夫が喜ぶかな？　と考えながら過ごしている

細かい行動を挙げていくとキリがないので、ここまでにしますね。

要するに、自分だけ良い思いをしようとするのではなく、**夫のためを思った行動が**

できていますか？　ということです。

自分が何かしてほしい時だけ「○○してくれたら嬉しいな～」と、夫を都合よく利用し、夫のためを思う気持ちも行動もなければ、その魂胆に夫も薄々気づきます。そして、不思議なのですが、そういったブラックな気持ちが根底にあれば、「なんか強制されてる感がある」と感じてしまうものです。

男の本音

「僕が個人的に思うのは、強制されてると夫が感じる理由は『嬉しいなとお願いされていても、妻が嬉しそうじゃないこと』。夫は『妻が喜ぶ』からお願いを聞こうと前のめりになりますが、『え？　喜んでないじゃん…』と妻のリアクションから感じると消極的になり、お願いに強制感が出ます。リアクションが大事なワケです。」

皆さんも経験ありませんか？　服を試着してカーテンを開けた時に、店員さんがほぼ99％「お似合いです～！　すごくいい感じです～！」と言ってくれますよね。その中に、「この人、完全に私に買わせようとしてるよな…」としか思えない言い方の店員さんに遭遇した経験がある方もいらっしゃるのではないでしょうか。もちろん、ご本人には悪気はないと思いますが、「買わせたい」という根っこの気持ちって、自然と伝わってしまうものなんですよね。

夫婦関係も全く一緒で、自分の都合しか考えていないという気持ちは、夫にも伝わっています。夫が思い通りの反応を返してきてくれないと相談に来る受講生に先ほどのこの質問↓「普段から、旦那さんが喜ぶこと、してあげてますか？」をすると、皆さん思い当たる節があるようで…(笑)、「肝心なこと忘れてました！」と気持ちを新たに再チャレンジしますと宣言してくれます。

夫は妻のご機嫌を取るための道具ではありません。夫は意思を持った一人の人間であり、夫には夫の人生があります。

「そんな夫の人生が豊かで実りあるものになるように、私のできる範囲で夫に幸せを与えたい」という気持ちで接すること。これが、何年経っても夫に愛され続ける妻たちが普段から考えていることです。

幸せな夫婦関係とは「与え合うこと」で生まれます。ただただ与えるのでは足りません。**自分から与える**という心がけが大切です。相手に求めることはまずは自分から進んで行う。これこそが、見返りを求めない本物の愛情です。

・夫にもっと大切にされたいと願うなら、まずは自分が夫を大切にする。
・夫に素直に謝ってほしいと思うなら、自分も素直に謝る。
・夫にもっと話を聞いてほしいと思うなら、まずは自分が夫の話を聞く。
・夫にもっと優しくしてほしいと願うなら、自分が夫に優しくする。
・夫にもっと気遣ってほしいと思うなら、自分から夫に気遣いの言葉をかけてみる。

いかがでしょうか。

自分のことは棚に上げて夫に求めてばっかりだった…なんていうことがあれば、それはイエローカードです！

「あなたがやってくれるなら、私もやってあげる」という考え方は、傷つくことから自分を守りたいだけで、相手に1ミリも優しさが向いていません。当然ながら、それでは相手は動きません。

傷つきたくないという気持ちを捨てて、**ただただ相手に与えたいんだ！　という純粋な愛情**こそが、夫の心を動かし、これまでの夫婦関係に奇跡を起こします。なぜこんなことを自信満々に言えるかというと、これまでの受講生たちのターニングポイントがいつもそこだからです。

一人の「個」として意思を持ち、自立した人間と人間が一緒になり、お互いに幸せを与え合うことで、愛し愛される夫婦関係は成り立ちます。自分の幸せのためだけに夫を利用するのではなく、**妻も夫も共に幸せになるために与え合うこと**が大事なんだということを忘れないでくださいね。

夫のことなんて後回しでいい

先ほどから「与える」とか「夫を幸せにする」という言葉がよく出てきますが、**どう頑張ってもそんな気持ちになれない！**　という方もいらっしゃるのではないでしょうか。ここで、とても大事なことをお伝えしますね。

自分が幸せじゃないと、人を幸せにしたいなんて思えません！

人を幸せにする前に、自分自身を幸せにしなければいけないのです。人に与えられる人間になるためには、まずは自分自身に愛情を与えなければいけないのです。

自分自身をないがしろにし、自分の気持ちを無視して、自分を雑に扱っていれば、心のコップが枯れ果ててしまいます。そんな状態では、他人の幸せなんて願えるわけがありません。「どう頑張ってみても、夫を幸せにしたいなんて思えない」という気持ちは、ごくごく自然な感情です。

そんな方は、無理にそう思おうとしなくても大丈夫ですよ。夫婦関係をどうこうすることを考えずに、まずは**自分自身を幸せにしてあげること**を目標にしてみてください。本のボリュームに限りがあるので、一から順に丁寧にお伝えすることはできないのですが、「自分を幸せにするって、どういうこと？」について、大事なポイントを

2つお伝えさせていただきますね。

1 自分を感じて生きていますか？

自分を大切にしようと思ったら、まず何よりも「自分」を見つけてあげなければいけません。「え!? 自分はここにいるよ！」と思うかもしれませんね。物理的にはもちろん存在するかもしれませんが、自分の感覚を押し殺し、**心ここに在らずの状態で生きている人**が男女問わず数多く存在します。私の感覚では、真面目で頑張り屋さんな女性ほど、**自分行方不明状態**になりがちです。

どういうことかと言うと、現代に生きる人は自分の〝こうしたい〟という気持ちを抑圧し、「～しなきゃ」「～すべき」「こう言ったら周りからどう思われるかな?」と、世間や周りの目、一般常識に縛られて生きてしまっています。つまり、**自分をなくして生きている**のです。そういった意味での自分行方不明状態です。

これでは、自分が一体何が好きなのかも分かりませんし、自分を幸せにしてあげることもできません。言い換えれば、自分に注意が向いておらず、「わたし」という存在を無視して生きているわけです。

誰かから〝存在しないもの〟として扱われ、存在を無視されると傷つきますよね。それがもし、24時間365日いつも一番近くにいる「自分」から無視されれば、それはもう自分を虐待しているようなもので、気づかぬうちに心底傷ついています。そんな状態で他人を大切にしようとするほうが無理があるのです。


私自身が長女気質で「THE 真面目」な性格でしたので、心の勉強をするまでは長い間ずっと自分を押し殺して生きてきました。そんな私でも自分を取り戻すことができましたし、同じような境遇の10代〜60代の受講生たちが次々と自分の感覚を取り戻していく姿をこの目で見てきました。

ですので、今現在自分を見失っている方に自信を持ってお伝えしたいです。

いつからでも、何歳からでも、自分を取り戻すことができます！

では、どうしたら本当の自分を感じることができるのでしょうか。

そのために受講生に取り組んでもらうのが「自分さんとコミュニケーションする」ということです。〝自分さん〟とあえて**さん付け**で書かせていただいている理由は、自分を一人の人間として大切に思う感覚をより感じていただくためです。大切な親友に話しかけるように、自分自身にもぜひ話しかけてみてください。


「最近、調子どう？」

「元気？」

「体調は大丈夫？」

「今日は疲れたよね。ゆっくり休んでね」

「本当はどうしたい？」

「それは辛かったよね」

「その気持ち、わかるよ」

「いつでもあなたの味方でいるよ」

大切な親友に話しかけるようにと言われてもイメージが湧かない方は、大好きな芸能人を思い浮かべていただいてもかまいません。自分さんと会話をしながら、心の声に耳を傾けて、自分を感じてみてください。そして、大切な人にかけてあげるように、思いやりの言葉やいたわりの言葉をかけてあげてください。これが、自分を取り戻すための第一歩です。

家事に育児に大忙しのお母さんほど、子供優先になって自分を後回しにしてしまいがちです。子供がいると、自分のためだけに使える時間が少なくなってしまうのは仕方がないことです。それでも、自分の感覚を殺してしまうほど頑張りすぎてしまうのは、長期的に見ると誰も得しません。

お母さんは家族の太陽です。お母さんという〝愛の存在〟から、子供は心の栄養を受け取り、夫は妻が喜ぶ姿を見ることで「俺は大切な女性を幸せにすることができているんだ！」という、内側から漲《みなぎ》る自信を感じることができ、妻の笑顔を見ることで「明日も大切な家族のために頑張ろう」という大きなパワーを受け取っています。

1日5分からでも良いので、自分さんと会話することを習慣にしてみてくださいね。

2 あなたは自分と仲良しですか？

自分で自分を幸せにするということは、**自分自身と仲良くなること**でもあります。

「自分と仲良くするって、どういうこと？」と疑問に思うかもしれませんね。


まずは自分と仲が悪い人ってどういう人？ ということについて考えてみましょう。

それは、心の中でいつも自分にこんな声をかけている人です。


「なんでこんなミスしちゃったんだろう…」

「やっぱり私って、ダメだな…」

「もういい大人なんだから、こんなことでイライラしちゃダメだ！」

「どうせ私なんて誰からも必要とされてないんだ…」


こんなふうに、心の中でいつも自分を責めたりダメ出しをしたり、自分をいじめている人。これが、自分と仲が悪い人の特徴です。このタイプの人にとって、自分という存在はいつも自分を苦しめ、攻撃してくる敵でしかありません。自分を大切にできない人が、他の誰かを大切にできるわけがありません。

誰かと良い関係を築く前に、まずは自分自身と良い関係を築かなければいけません。

夫と仲良くしたいなら、まずは自分自身と仲良くなってください。

これが、あらゆる**人間関係の本質**です。

では、どうしたら自分と仲良くなれるでしょうか？

答えはシンプルです。**自分さんが喜ぶこと**をしてあげてください。自分をいじめてくる人とは仲良くしたくないですよね？　逆に、自分が喜ぶことを言ってくれたり、喜ぶことをしてくれる人とは仲良くなりたいなと思うはずです。

好きな音楽を聴く、美味しいものを食べる、疲れたら思い切って休む、周りの目を気にせずに残業を切り上げる、気分が乗らないママ友からの誘いは断る、見てるだけで疲れるグループＬＩＮＥからはスパッと抜けるｅｔｃ…。

こんなふうに、旅行に行ったり高価なものを買わなくても、自分を喜ばせることは十分可能です。自分が**嬉しい、楽しい、心地よい**と感じることを**自分さんにプレゼントしてあげること**。これが、自分を幸せにするということです。

自分の心のコップが満たされていくと、自然とその幸せを誰かにおすそ分けしたいという気持ちになります。旅行に行った時に、親しい人にお土産を買いたくなる気持ちと一緒です。そうすると、自然に夫にも幸せを感じてほしい！　夫が喜ぶことをしてあげたい！　という気持ちが溢れてくるのです。

夫を幸せにできる妻になる前に、まずは自分で自分を幸せにしなければならないという最も大切な真理を少しでも理解いただけると嬉しく思います。

最後に

本書を執筆しながら、たくさんの人たちの顔が思い浮かびました。まず誰よりも私が思いを馳《は》せたのは、日本の未来を担う子供たちです。

残酷な虐待により命を落とす子供たちの数は年々増え続けるばかりです。幼い命だけではなく、自ら命を絶つことを選んでしまう若者の数は先進国の中で日本がワースト1位です。また、諸外国と比べて日本の若者の自己肯定感の低さがダントツ1位であることも問題視されています。

これらの背景をたどっていくと、必ずと言っていいほど見えてくるのが家庭の不和です。家族間の歪んだコミュニケーションは気づかぬうちに子供の心を蝕《むしば》んでいきます。

目の前にどんな困難が立ちはだかったとしても、

「ありのままの自分は、愛されているんだ」

という感覚がしっかりと心の奥底に根付いていれば、子供は前を向いて立ち上がり、失敗を恐れずにチャレンジすることができますし、間違った選択をしてしまいそうになったとしても、また戻ってくることができます。

家族からの見返りのない**無償の愛情**こそが、子供の**自己肯定感**の源になります。子供が心から安らげる家庭環境は、良好な夫婦関係から生まれます。ぜひ本書が未来の子供たちの笑顔に少しでも貢献することができたら嬉しいです。

次に、私が思い浮かべたのは両親です。はじめに、父と母の夫婦関係が冷え切っていた頃のエピソードを書かせていただきましたが、本書には書ききれないほど夫婦の不仲から始まった親子関係の歪みは、私の人生にたくさんの試練を与えてくれました。

ですが、そんな経験があるからこそ、「幸せな家族ってどうやったら築けるの?」「人を愛するって、一体どういうことなんだろう?」ということを、私がここまで探求する大きな原動力となりました。父と母の元に生まれたことは私の人生にとって最大のギフトです。両親に感謝の気持ちしかありません（今では本書に書かれていることを二人とも実践し、月2回以上二人で旅行に行くほど仲良しです！）。

そして、これまで講座を受講してくださった皆さん。お一人お一人にもこの場を借りてお礼を伝えさせてください。皆さんの存在なしでは本書は絶対に完成しませんでした。ありがとうございます。

それから、ピュアコミュニケーションを全国で伝えるべく、高い志を持って活動している認定インストラクターの皆さん。私一人の力では決して成し遂げられなかったことを、皆さんのおかげで実現することができています。皆さんの活躍や、全国から届けられる受講生の声が、執筆活動をする上での大きな力となりました。心から感謝しています。

さらに、今回ご縁をいただき出版の機会を与えてくださった青春出版社の皆様、最後までより良い本にするために力を貸してくださり、本を書くという作業の枠を超えてたくさんのことを学ばせていただきました。長い期間多大なるお力添えをいただき、ありがとうございました。

そして忘れてはいけないのは、元モラハラ男で、今では夫として公私ともに私を支えてくれている最愛の夫、たいひーちゃん。あなたと出会い、山あり谷ありのジェットコースターのような経験をすることがなければ、私はコミュニケーションを仕事にしようと思うことはなかったと思います。出会ってから今まで、共に高め合い成長し合う関係が築けていることに感謝しています。

最後に、数ある書籍の中から本書を選んでくださった皆様、ご自身やご主人との関係を見つめ直そうとしている、その姿勢を心からリスペクトしています。

この本がきっかけとなり、これまでの世の中が作り出した夫婦の固定概念を超えて、夫を愛する喜びや夫から愛される喜びを感じていただけたら嬉しいです。

胸いっぱいの感謝を込めて。

竹田真弓アローラ

参考文献

1章

※1　Brain Chemistry and Sex Differences: Are Male and Female Brains Really Varied?
（https://www.researchgate.net/publication/319701626_Brain_Chemistry_and_Sex_Differences_Are_Male_and_Female_Brains_Really_Varied）

※2　Why Don't Men Understand Women? Altered Neural Networks for Reading the Language of Male and Female Eyes
（https://journals.plos.org/plosone/article?id=10.1371/journal.pone.0060278#s1）

※3　Testosterone reduces functional connectivity during the 'Reading the Mind in the Eyes' Test
（https://www.sciencedirect.com/science/article/pii/S030645301630067l#!）

※4　David H. Olson ，Amy Olson-sigg ，Larson, Peter J., Ph.d.（2008）,"The Couple Checkup ", Thomas Nelson Inc

4章

※5　A battle of the sexes is waged in the genes
（https://www.nature.com/news/a-battle-of-the-sexes-is-waged-in-the-genes-1.17817）

※6　Is the Y chromosome disappearing?—Both sides of the argument
（https://link.springer.com/article/10.1007/s10577-011-9252-1）

5章

※7　Exploring women's postpartum sexuality: social, psychological, relational, and birth-related contextual factors.
（https://www.ncbi.nlm.nih.gov/pubmed/22672428）

著者紹介

竹田真弓アローラ
一般社団法人ピュアコミュニケーション® 協会代表。リレーションシップコンサルタント。機能不全家族の中で育ち、人間関係に大きなストレスを感じることが多く、高校時代に心の専門家を目指す決意をする。ニューヨーク州立ビンガムトン大学で心理学を専攻し、夫婦関係学や家族心理学を２年半学ぶ。帰国後、恋人や夫婦関係、親子関係で悩む女性のための講座を主宰し、短期間で受講生が劇的に変化していく姿に深い感銘を受ける。累計カウンセリング件数２万件以上の実績と豊富な相談事例を基に、本書では、そのノウハウを「誰でも」「すぐ」に使えるようにとことん具体的に解説。夫婦関係が驚くほど変わることを実感することでしょう！

メルマガ「ピュアコミュニケーションレッスン」

一般社団法人ピュアコミュニケーション協会 HP

思《おも》い通《どお》りに夫《おっと》が動《うご》いてくれる妻《つま》の魔法《まほう》

2019年９月５日　第１刷

著　　者　竹田《たけだ》真弓《まゆみ》アローラ

発 行 者　小 澤 源 太 郎

責任編集　株式会社 プライム涌光
電話　編集部　03(3203)2850

発 行 所　株式会社 青春出版社
東京都新宿区若松町12番１号 〒162-0056
振替番号　00190-7-98602
電話　営業部　03(3207)1916

印刷　中央精版印刷　製本　フォーネット社

万一、落丁、乱丁がありました節は、お取りかえします。
ISBN978-4-413-23131-2 C0030